HAMBURGER FRAUEN

HISTORISCHE LEBENSBILDER AUS DER STADT AN DER ELBE

Bast, Eva-Maria
Hamburger Frauen – Historische Lebensbilder aus der Stadt
an der Elbe

HAMBURGER ABENDBLATT in Kooperation mit:
Bast Medien GmbH, St.-Ulrich-Str.11, 88662 Überlingen
(verantwortlich)
1. Auflage 2019
ISBN: 978-3-946581-66-6

Copyright: Bast Medien GmbH
Lektorat: Lena Bast
Covergestaltung: Melanie Kunze
Layout: Melanie Kunze
Satz: Melanie Kunze
Druck: Mohn Media Mohndruck GmbH

Von den Machern der preisgekrönten Reihe *Geheimnisse der Heimat*

Inhalt

*D*ie meisten in diesem wunderbaren Buch porträtierten Frauen konnten eben nicht jeden Beruf ergreifen, hatten kein Wahlrecht, mussten sich in den engen Grenzen bewegen, die die Gesellschaft ihnen steckte. Und gerade deshalb kann man nicht anders, als, wenn man sich intensiver mit diesen Frauen und ihren Biografien beschäftigt, den Hut zu ziehen. Vor ihrer Stärke und Durchsetzungskraft, dafür, dass sie widrigsten Umständen zum Trotz entschieden ihren Weg gegangen sind. So unterschiedlich die Frauen, die wir Ihnen in diesem Buch vorstellen, auch sind: Sie alle hatten Brüche in ihren Biografien, Brüche und Schicksalsschläge, die taugen, ein Menschenleben zu zerstören. Kriege mussten sie erleiden, Pest, den Tod von Kindern und Partnern, Flucht und Vertreibung. Aber sie alle haben sich davon nicht beirren lassen. Sie gerieten vielleicht ins

„Und gerade deshalb kann man nicht anders, als,
wenn man sich intensiver mit diesen Frauen und
ihren Biografien beschäftigt, den Hut zu ziehen.
Vor ihrer Stärke und Durchsetzungskraft, dafür,
dass sie widrigsten Umständen zum Trotz
entschieden ihren Weg gegangen sind."

Taumeln, aber sie fanden immer wieder die Balance und wuchsen an den Aufgaben, die das Leben ihnen stellte.
Die Biografien dieser Frauen hat Eva-Maria Bast in ihrem dritten Hamburg-Buch (nach den beiden Bestsellern *Hamburger Geheimnisse 1 und 2*) zusammengetragen. Dabei erhielt sie Unterstützung von Hamburgerinnen, die sich mit den Frauen in dieser Stadt beschäftigt haben. Sie wurden zu Patinnen, die ihre Faszination für diese Frauen aus der Vergangenheit ins Jetzt transportierten, und so Brücken zwischen Vergangenheit und Gegenwart bildeten.

Und so bleibe ich nach der Lektüre auch ein klein wenig demütig zurück – ob der Tatsache, dass unsere Schicksale und unsere Biografien nicht mehr so sehr von außen gelenkt sind, sondern dass wir uns selbst in unserer Persönlichkeit freier entfalten können – und das gilt ausdrücklich auch für uns Männer. Dass wir in einer Welt leben, in der es keine Pest mehr gibt, keine Seuchen, und wenn doch, dass dem dann eine hervorragende medizinische Versorgung entgegensteht. Dass wir unsere Liebsten nicht in Kriegen verlieren, nicht in Lager gesteckt werden, wenn wir unsere Meinung sagen. Freiheit. Was für eine Errungenschaft, die sich für einen Chefredakteur natürlich vor allem in der Meinungsfreiheit manifestiert. Um es mit Voltaire zu sagen: „Mein Herr, ich teile Ihre Meinung nicht, aber ich würde mein Leben dafür einsetzen, dass Sie sie äußern dürfen."

Viel Vergnügen bei der Lektüre wünscht

Ihr

Lars Haider
Chefredakteur Hamburger Abendblatt

 **Eva-Maria Bast**, wurde 1978 in München geboren und arbeitet seit 1996 als Journalistin. Nach mehreren Jahren bei der Tageszeitung *Südkurier* gründete sie 2011 mit Heike Thissen das Redaktionsbüro „Büro Bast & Thissen", das 2013 in „Bast Medien" überging. 2010 hatte sie die Idee für die Reihe *Geheimnisse der Heimat*, die zunächst als Zeitungsserie startete und im Folgejahr bereits in Buchform vorlag. Seither sind rund 70 Bände entstanden. Bast kooperiert dafür mit Medienhäusern in ganz Deutschland – und in Hamburg mit dem HAMBURGER ABENDBLATT. Aus dieser Zusammenarbeit sind in den vergangenen Jahren bereits zwei Bände der *Hamburger Geheimnisse* hervorgegangen.

Eva-Maria Bast wurde für ihre Arbeit mehrfach ausgezeichnet, unter anderem erhielt sie drei Mal mit dem *Südkurier* den „Oscar" der Zeitungsbranche, den Deutschen Lokaljournalistenpreis der Konrad-Adenauer-Stiftung. Auch die *Geheimnisse* wurden mit dem begehrten Preis geadelt.

Bast ist zudem in der Belletristik tätig: Neben zwei Krimis liegt von ihr die vierbändige Mondjahre-Jahrhundertsaga vor. Ende 2018 erschien unter dem Pseudonym Charlotte Jacobi im Piper Verlag der Roman *Die Villa am Elbstrand*, den Bast gemeinsam mit Jørn Precht geschrieben hat und für den zwei weitere Bände geplant sind. Seit 2016 ist Eva-Maria Bast Dozentin an der Hochschule der Medien in Stuttgart. Sie lebt mit ihrer Familie in Überlingen am Bodensee und in Würzburg. Die Vereinbarkeit von Familie und Beruf liegt der vierfachen Mutter sehr am Herzen.

DIE SCHÖNE AUF DEM BERGE

Hilfe für Blankeneser Fischerfamilien

Blankenese Anfang des 19. Jahrhunderts: In dem Fischerdorf herrscht große Not. Die Menschen sind bitterarm, leben größtenteils in einfachen Hütten. Eine schlimme Seuche plagt die Bevölkerung und die Kontinentalsperre beraubt die Fischerfamilien ihrer wirtschaftlichen Existenz. Das Leid ist unfassbar groß. Es bewegt auch eine Frau, die von all diesen Sorgen eigentlich gar nicht betroffen ist: Friederike Klünder, Gattin eines reichen Mannes, die, oben auf dem Berg, in einer wunderschönen Villa lebt. Friederike und ihr Mann werden zu Rettern der Blankeneser Bevölkerung.

„Friederike Klünder hat mich sehr fasziniert", sagt Maike Holst. „Diese feine Dame, die in ihrer Villa wohnte und auch in ihren Kreisen verkehrte, ging zu den Ärmsten der Armen, um zu helfen, sie hatte dabei keine Berührungsängste. Sie scherte sich nicht um Standesunterschiede. Für sie stand immer nur der Mensch als Gottes Geschöpf im Vordergrund, dem geholfen werden muss." Gemeinsam mit ihrem Mann Ronald hat Maike Holst ein Buch über Blankeneser Frauen geschrieben, in dem auch Friederike Klünder ein Kapitel gewidmet ist.

Die junge Friederike kommt durch Heirat nach Hamburg, aufgewachsen ist sie als Tochter eines Generalsuperintendenten in Neustadt am Rübenberg. Sie heiratet den vermutlich aus Braunschweig stammenden Bankierssohn Rütger Heinrich Klünder (1763-1848), der in Hamburg in der Firma Peter Godeffroy Söhne & Comp eine bedeutende Position innehat. Klünder kauft 1799 das Gelände des jetzigen Hesseparks, um an dessen höchster Stelle, die später den Namen „Kiekeberg"

Friederike Klünder war eine reiche Frau – und
setzte sich für die Ärmsten der Armen ein.

erhalten wird, ein Landhaus, das heutige Hessehaus, zu errichten und einen Park auf der ehemaligen Schafweide anzulegen. Friederike ist neugierig auf ihre neue Heimat, macht sich schnell daran, die Umgebung zu erkunden – und entdeckt dabei bittere Armut und Krankheit. „In dieser Zeit grassiert die Kuhpocken-Epidemie", erzählt Maike Holst. Die Menschen, größtenteils arme Fischer und ihre Familien, haben es schwer: „Friederike sieht, wie Kinder und auch Erwachsene aus der Nachbarschaft entsetzlich leiden. Sie haben hohes Fieber, ihre Gesichter und ihre Körper sind von eitrigen Beulen übersät und sie sterben unter entsetzlichen Qualen", berichtet sie. Die hoch ansteckende Krankheit endet meist tödlich. „Und die, die überlebten, behielten oft ihr Leben lang schreckliche Pockennarben – auch im Gesicht", fährt die ehemalige Lehrerin fort. „Das Leiden der armen Kinder trieb Friederike Klünder ebenso um wie ihre eigene Ohnmacht."

Da hört sie eines Tages von dem englischen Arzt Edward Jenner (1749-1823), der schon 1796 einen Impfstoff gegen die Pocken entwickelt hat. In Altona, erfährt Friederike, gebe es ein Institut, in dem ein wirksames Serum gegen die Pockenkrankheit bereitgehalten wird. Die „Schöne auf dem Berge", wie sie von den armen Menschen, die ja im Tal leben, genannt wird, zögert nicht lange, nimmt Kontakt mit dem Institut auf und bewirbt sich dort als Assistentin bei den Ärzten Johann Heinrich de Chaufepié (1773-1855) und Georg Kerner (1770-1812). Sie lernt alles über die Wirksamkeit des Impfstoffs und auch, wie man ihn verabreicht.

Und dann macht sich Friederike Klünder daran, die Menschen zu retten: „Als Erstes hat sie sich und ihre Familie geimpft, und dann ist sie

Maike Holst hat zahlreiche Unterlagen zu Friederike Klünder gesammelt.

in die Hütten gegangen und hat die Dorfbewohner über die Blattern-
impfung aufgeklärt." Die aber reagieren angstvoll und misstrauisch.
Erst als Friederike ihre blühend aussehenden Kinder mitnimmt, deren
Impfnarben als Beweis dienen, dass die Impfung den drei Töchtern
nicht geschadet hat, beginnen die armen, kranken und verängstigten
Menschen ihr zu vertrauen. Zumal Friederike den Ruf hat, bei den
Impfungen ausgesprochen behutsam vorzugehen. Ganz selten, dass
es mal Tränen gibt. Mehr als 2.000 Impfungen nimmt sie zwischen
1805 und 1832 vor und führt darüber in ihrem „vaccinationsbuch"
gewissenhaft Protokoll. Tausende kann sie retten – zwei kleine Jungen
sterben an den Folgen der Impfung.

Doch kaum hat Friederike begonnen, sich um die Gesundheit
ihrer Mitbürger zu kümmern, bricht mit der Kontinentalsperre (1806-
1813) neues Leid über die Blankeneser Fischer herein: Nun dürfen sie
nicht mehr vor Holland fischen, nur
noch in der Elbe, vor Amrum, Sylt
und der süddänischen Insel Röm.
Das heißt vor allem auch, dass die
wichtigen und lukrativen holländischen Märkte für sie wegbrechen.

> *„Für sie stand immer nur*
> *der Mensch als Gottes*
> *Geschöpf im Vordergrund,*
> *dem geholfen werden muss."*

Die Fischer fahren, wie Friederike beobachtet, gar nicht mehr aus, die
Fahrt lohnt sich nicht mehr. Und wieder leiden die Jüngsten. Die junge,
schöne Frau blickt in vereiterte Kinderaugen, kleine Hände strecken
sich ihr entgegen, die verzweifelt um einen Kanten Brot betteln. Was
soll sie nur tun? Einfach nur Brot zu verteilen, wird das Problem nicht
lösen.

Und dann hat sie eine Idee: Sie hat beobachtet, dass viele Frauen Spinnräder besitzen. Wie wäre es, die Fischerinnen damit zu beauftragen,
Garne zu spinnen und Tücher zu weben, um diese dann zu vermark-
ten? „Sie ließ für mehrere tausend Taler Flachs von den Arbeitslosen
in Blankenese und Umgebung spinnen […] und vergalt die Arbeit
nach Güte des Gespinstes. Auf diese Weise regte sie zum Nacheifern
an, zum Streben nach Vervollkommnung. Sie teilte die Arbeit an jeden
selbst aus, nahm sie von jedem wieder entgegen, sortierte Fäden, ließ
Garn bleichen und sorgte für das Weben", berichten die *Schleswig-
Holsteinschen Provenzialberichte* im Jahr 1817. „Mit drei Frauen hat

sie angefangen, aber es wurden immer mehr, sie alle wollten von der unerwarteten Verdienstmöglichkeit profitieren und so das Auskommen von sich und ihrer Familie sichern", erzählt Maike Holst. Gearbeitet wird zu Hause: „Die Häuser hatten alle große Dielen, in denen die Frauen schon früher gesponnen und gewebt hatten. Ihre Aufgabe war es gewesen, die Segel, Taue und Netze für die Boote ihrer Männer herzustellen", erklärt die Autorin. „Deshalb besaßen sie auch alle Spinnräder und zum Teil Webstühle. Bei der Hochzeit bekam die Braut immer ein Spinnrad."

Während Friederike also für die Frauen eine Verdienstmöglichkeit schafft, tut ihr Gatte Rütger alles, um die Männer in Lohn und Brot zu bringen. Da der Bedarf an gutem Öl groß ist und er über ausreichend Fläche verfügt, lässt er eine Ölmühle bauen und stellt die arbeitslosen Fischer ein.

Doch auch das ist dem wohltätigen Ehepaar nicht genug – noch mehr wollen sie tun, um zu helfen: Die beiden gründen eine Armenhilfe für Alte, Kranke und Behinderte. Friederike wirbt bei Freunden und Bekannten, für die Armenhilfe zu spenden. „Sie hat auch Offiziere dazu gebracht, tief in ihre Taschen zu greifen. Sie konnte wirklich überzeugend von den Menschen in Not erzählen und die Herzen erwärmen", sagt Maike Holst.

„Sie hat auch Offiziere dazu gebracht, tief in ihre Taschen zu greifen. Sie konnte wirklich überzeugend von den Menschen in Not erzählen und die Herzen erwärmen."

Blankenese geht es besser – dank der beiden. Doch dann kommt der nächste Schlag: In den Jahren 1826 und 1827 wird das Fischerdorf immer wieder von Brandstiftungen heimgesucht, zahlreiche Häuser brennen ab, erneut ist die Not groß. Bei einem besonders schlimmen Feuer, das vom Nordwind weitergetrieben wird, stehen 20 Häuser in Flammen. Wieder helfen die Klünders. Sie nehmen Obdachlose auf, unterstützen mit Essen und Sachspenden. Friederike wirbt wieder auch bei Freunden um Hilfe.

Obwohl sie sich so stark um die arme Bevölkerung kümmern und spenden, geht es der ohnehin schon wohlhabenden Familie finanziell stetig besser. Rütger Klünder wird Bezirksdirektor bei der Gothaer

Feuerversicherung, die Klünders vergrößern ihr Anwesen weiter, der nach einem späteren Besitzer des Anwesens benannte Park ist nur noch ein Teil davon.

Auch und gerade weil der Park umbenannt wurde, geriet Friederike Klünder und ihr Wirken in Vergessenheit. „Es war für meinen Mann und mich geradezu erschütternd, dass man diese Frau gar nicht mehr kannte", sagt Maike Holst. Dem wollten sie mit dem Aufsatz in ihrem Buch *Blankeneser Frauen* entgegenwirken. Und nach langem Kampf ist es den beiden auch gelungen, dass Friederike mit der Benennung öffentlichen Raums geehrt wird: Ein bisher namenloser Weg quer durch den Hessepark trägt künftig den Namen der großen Frau.

> *„Es war für meinen Mann und mich geradezu erschütternd, dass man diese Frau gar nicht mehr kannte."*

....

Erinnerungsorte:

Die ehemalige Klünder-Villa steht in der Oesterleystraße 22. Sie ist heute als Hessehaus im Hessepark bekannt. Ein Weg im Hessepark ist nach ihr benannt.

HÄNDE HOCH!
Weibliche Schutzpolizei in Hamburg

Fassungslos bleiben die Menschen stehen und starren die Frau an, die selbstbewussten Schrittes über die Straßen eilt. Sie trägt eine dunkelblaue Uniform – gerade Jacke und Rock, um den Hals baumelt eine Trillerpfeife, ein Anstecker weist sie als Mitglied der „Polizei Hamburg" aus. Es ist das Jahr 1948 und Rosamunde Pietsch trotz der Blicke froh um die Uniform. Das macht ihr das Leben leichter – zuvor war sie schon einige Zeit in Zivil unterwegs gewesen, und viele Menschen hatten ihr nicht abgenommen, dass sie eine Polizistin ist. „Rosamunde Pietsch war die erste Kommissarin Hamburgs. Sie war 1953 die einzige Frau, die als Polizeikommissarin ausgebildet wurde. 1954 wurde sie die Leiterin der ‚Weiblichen Schutzpolizei'", sagt Dr. Rita Bake, die über die Grenzen der Hansestadt hinaus als Expertin für Frauen in der Geschichte gilt. „Der erfolgreichen Arbeit der Weiblichen Schutzpolizei ist es unter anderem zu verdanken, dass durch einen Senatsbeschluss aus dem Jahre 1978 der Polizeidienst in Hamburg für Frauen vollständig geöffnet wurde."

Hamburg, 25. Oktober 1945. Die 30-jährige Rosamunde Pietsch steht mit 29 – nach anderen Quellen 44 – Frauen im Hof der Altonaer Polizeikaserne. Auf dem Kopf eine Baskenmütze, ihre Hände stecken in selbstgenähten Handschuhen, an ihrer Brust prangt, mit einer Sicherheitsnadel befestigt, ihr Name. Rosamunde steht kerzengerade. Endlich erfüllt sich ihr Kindheitstraum: wie der Vater den Beruf des Polizisten zu ergreifen! Ach, der Vater. Der SPD-Mann. Die Nazis hatten ihn verhaftet und ihn vom Polizeidienst ausgeschlossen. Wie hat sich der Vater verändert, auch wenn er nicht lange in den Fän-

Der Anblick von Rosamunde Pietsch in Uniform verblüffte die Hamburger Gesellschaft.

gen der Nationalsozialisten war. „Als er zurückkam, war er ein gebrochener Mann", sagt sie später. Und nun steht sie statt seiner hier. Um Polizistin zu werden. Die besten Voraussetzungen bringt sie mit, hat, wie gefordert, eine Ausbildung als Hauswirtschafterin – vor dem Dritten Reich hat sie für eine jüdische Familie gearbeitet, dann hat man es ihr verboten. Und sie hat, was den Nationalsozialismus anbelangt, eine blütenweiße Weste.

Nun steht sie also hier. Am Ziel ihrer Träume. Der raue Ton schreckt sie nicht. Schließlich sind sie alle nicht zum Spaß da. „Der englische Oberst musterte alle Frauen von Kopf bis Fuß, es ging zu wie beim Militär", sagt Rita Bake. Schlafen muss sie in einem feuchten, kalten Raum gemeinsam mit den Kameradinnen und ohne Wolldecke. Tagsüber werden sie mit ihren männlichen Kollegen geschult, je fünf Frauen in einer Klasse voller Männer. Zwei Monate dauert die Ausbildung. Man vermittelt ihnen die Grundlagen. Rosamunde Pietsch lernt, wie eine Festnahme abläuft, wie die Strafprozessordnung lautet, wie man bei der Durchführung einer Untersuchung vorgeht.

„Der englische Oberst musterte alle Frauen von Kopf bis Fuß, es ging zu wie beim Militär."

Und dann dürfen sie endlich in den Einsatz – immer zwei Kolleginnen zusammen werden einem Revier zugeteilt. Das von Rosamunde Pietsch ist der Hauptbahnhof. Kein einfaches Pflaster. Das gilt besonders für die Jahnhalle, in der zahlreiche Familien hausen, die mit Wäscheleine, Betttüchern und Wolldecken versuchen, wenigstens ein bisschen Privatsphäre zu schaffen. Und dann die Kinder! Unzählige hungrige Kinder betteln um etwas Essbares, klauen Kohle von den Güterzügen, sammeln Zigarettenstummel, um zu Hause den Tabak herauszupulen und ihn auf dem Schwarzmarkt zu verkaufen. Die Engländer wollen, dass die Schutzpolizisten ihnen Einhalt gebieten. Nur wie? Die Kinder sind strafunmündig, genau deshalb schicken die Eltern sie ja zum Klauen. Und die kleinen Hanseaten dauern die Polizistin auch. Ungerecht ist es, dass sie hungern müssen, zumal die Besatzer die „Beute" in die Elbe schütten. „Das hat sie furchtbar wütend gemacht", sagt Bake.

Immer noch sind sie nur zu Fuß unterwegs, dürfen weder einen Strei-
fenwagen fahren noch eine Pistole tragen. In heiklen Situationen müssen sie die Trillerpfeife herausholen und ihren männlichen Kollegen
um Hilfe pfeifen.

Anstrengend ist die Arbeit, Rosamunde Pietsch und ihre Kolleginnen haben eine 52-Stunden-Woche. Nachtschichten in Wochen-
blöcken tun ein Übriges. „Das ist Schwerstarbeit", verdeutlicht Rita
Bake. Deshalb bekommen sie auch eine „Schwerstarbeiterkarte" und
damit eine größere Ration an Nahrung.
Viel ist das allerdings nicht. Und auch die
Hygiene macht Probleme: „Weil sie so viel
in den Lagern unterwegs war, fing Rosamunde Pietsch sich Läuse ein und hatte
lange damit zu kämpfen. Sie hat sogar Pet-
roleum angewendet, um sie loszuwerden,
aber auch das hat nicht geholfen", weiß Rita
Bake. In dem Kampf gegen Geschlechts-
krankheiten ist es außerdem die Aufgabe
der Weiblichen Schutzpolizei, mit ihren
männlichen Kollegen auf Streife zu gehen.
Sie greifen vor öffentlichen Gebäuden,
zum Beispiel der Oper oder Kinos, wahllos
Frauen auf, die sich dort aufhalten und
bringen sie zur Untersuchungsstelle nach
Altona. Zwei bis drei Kranke sind in der
Tat jedesmal dabei, sie werden dann ins
Krankenhaus Ochsenzoll gebracht. Eine
ausgesprochen unangenehme Arbeit. „Die
Frauen setzten sich mit Recht oft heftig zur
Wehr", sagt Rita Bake. Ebenso unbeliebt ist
folgende Aufgabe, die die Besatzer den
weiblichen Polizisten geben: Die Polizis-
tinnen sollen bei der Besatzungsmacht arbeitende Zivilangestellte
nach Schmuggelware untersuchen. Nach Schmuggelware und
Schwarzmarktartikeln müssen die Polizistinnen auch in der Talstraße,

Rita Bake am Grab von Rosamunde
Pietsch.

der Bremer Reihe und dem Eppendorfer Park fahnden. Milde dürfen sie dabei nicht sein, nie, niemals: Als eine Kollegin von Rosamunde Pietsch Mitgefühl mit einer verzweifelt weinenden Frau, die ein Kind bei sich hat, zeigt und ihr ein Päckchen Zigaretten zurückgibt, das sie ihr zuvor abgenommen hatte, bekommt sie eine Disziplinarstrafe.

Rosamunde Pietsch scheint ihre Sache auch aus Sicht der Besatzer gut zu machen: Sie wird als einzige Frau für die höhere Beamtenlaufbahn ausgebildet. „Der Schulleiter fiel fast um, als er meinen Namen aufrief. Er wollte mich sofort nach Hause schicken", erzählt Rosamunde Pietsch später dem *Hamburger Abendblatt*. Fünf Jahre dauert ihre Ausbildung, dann ist sie Hamburgs erste Polizeikommissarin. „Ich hatte nie ernsthafte Schwierigkeiten, mich in der Männerwelt durchzusetzen. Wurde ich belächelt, habe ich versucht, mich mit Überzeugungskraft durchzusetzen."

„Ich hatte nie ernsthafte Schwierigkeiten, mich in der Männerwelt durchzusetzen."

Ein Jahr später ist sie Chefin der Weiblichen Schutzpolizei, die zu diesem Zeitpunkt 45 Frauen stark ist, ihr Büro befindet sich im zweiten Stock des Präsidiums am Karl-Muck-Platz (später umbenannt in Johannes-Brahms-Platz), direkt neben dem von Innensenator Helmut Schmidt (1918-2015). 1961 gründet sie die Jugendschutztruppe. Die hier eingesetzten Frauen haben die Aufgabe, Ausreißer ebenso nach Hause zu bringen wie Jugendliche, die sich in Kneipen auf dem Kiez aufhalten.

Und dann wird Hamburg durch ein Ereignis erschüttert, das das Leben unzähliger Menschen verändert: die Sturmflut. Rosamunde Pietsch war gerade mit ihrem Mann in der Oper – die Vorstellung ist eben zu Ende gegangen, als ihr Auto, ein Volkswagen, in der Kollaustraße vom Wind zur Seite gedrückt wird. Und da hört sie auch schon die Durchsage: Alle Polizisten sollen umgehend ihre Dienststellen kontaktieren. Inzwischen zu Hause angekommen, schüttet Pietsch eben noch ihren Kaffee in die Kanne und eilt in die Zentrale. Dort empfängt sie Chaos und rege Betriebsamkeit. Sie arbeitet rasend schnell und intuitiv, ihre Kollegen auch. Harte Stunden sind das. Stunden, nach denen nichts mehr so ist, wie es einmal war.

Bis 1975 bleibt Rosamunde Pietsch im Polizeidienst, dann scheidet sie aus. Gerade ein Jahr ist sie im Ruhestand, da wird es Frauen erlaubt, bei ihrer Arbeit auch Waffen zu tragen: „Bis 1976 durfte die Weibliche Schutzpolizei ihren Dienst nur zu Fuß machen und sie durfte sich auch noch nicht bewaffnen", erklärt Rita Bake. „Doch dann kam es zu einem denkwürdigen Vorfall: Es gab einen Streit, einer zog die Waffe und eine Polizistin konnte ihrem Kollegen nicht helfen, weil sie ja keine Waffe tragen durfte. Doch sie hat sich darüber hinweggesetzt, einen Gummiknüppel geschnappt und herumgeschrien und so ihren Kollegen gerettet. Danach wurden die Vorschriften, dass Frauen keine Waffen tragen dürfen, geändert."

„Es gab einen Streit, einer zog die Waffe und eine Polizistin konnte ihrem Kollegen nicht helfen, weil sie ja keine Waffe tragen durfte. Doch sie hat sich darüber hinweggesetzt, einen Gummiknüppel geschnappt und herumgeschrien und so ihren Kollegen gerettet."

Manchem männlichen Kollegen passt das aber so gar nicht: Die Polizistinnen müssen sich nun mit dem Begriff „Flintenweiber" belegen lassen. Diesen Ausdruck bekommt die zu dieser Zeit schon im Ruhestand befindliche Rosamunde aber nicht mehr zu hören. Und wenn es doch so gewesen wäre – dann hätte sie ihn vermutlich mit dem ihr eigenen Selbstbewusstsein lächelnd abgetan. Angriffe war sie schließlich gewohnt.

....

Erinnerungsorte:

Die Weibliche Schutzpolizei Hamburg befand sich am Johannes-Brahms-Platz 1.
Rosamunde Pietschs Grab ist auf dem Ohlsdorfer Friedhof im Garten der Frauen, Fuhlsbüttler Straße 756, zu finden.

DIE ERSTE HABILITIERTE ÄRZTIN
Ein ungewöhnlicher Weg

Eigentlich hat Rahel Plaut keine Chance, Ärztin zu werden. „Frauen und Juden hatten zur damaligen Zeit keine großen Chancen auf eine Unikarriere", sagt Dr. Doris Fischer-Radizi. Doch Rahel geht ihren Weg, auch dank ihrer Eltern, die sehr viel Wert auf die Bildung ihrer Kinder legen. „Sie wird die erste habilitierte Ärztin Hamburgs und die dritte Deutschlands", unterstreicht die Medizinerin, die eine Biografie über Rahel Liebeschütz-Plaut geschrieben hat.

Doch dann wird ihr alles genommen: Die Nationalsozialisten kommen an die Macht, Rahel flieht mit ihrer Familie nach England, wo sie sich ein neues Leben aufbaut und noch im Alter von 90 Jahren anderen hilft.

Diese Geschichte einer ungewöhnlichen Frau beginnt in Leipzig, denn dort wird sie 1894 als Kind des Bakteriologen Hugo Carl Plaut (1858-1928) und dessen Ehefrau Adele geboren. Rahel wächst nach dem Umzug der Familie ab 1897 in Hamburg in sehr behüteten Verhältnissen auf. Die Familie ist ausgesprochen angesehen, ihr Stammbaum lässt sich bis ins 16. Jahrhundert zurückverfolgen. Rahel ist das Nesthäkchen, die jüngste von vier Geschwistern, die Plauts leben in einer wunderschönen Stadtvilla, die Sommer verbringt man auf dem Land. „Die Eltern hatten natürlich ein Kindermädchen, aber gerade wenn die Kinder krank waren, kümmerten sie sich persönlich um sie und überließen das keinem anderen Menschen, sie waren sehr besorgt, fast überängstlich", sagt Doris Fischer-Radizi. Zum Beispiel bekommen die Kinder nur abgekochtes Essen, weil der Vater, der Bakteriologe, panische Angst vor Infektionen hat. Auch im Bereich der Bildung schotten sie ihre

Rahel Liebeschütz-Plauts Herz schlug für die Medizin.

Kinder ab: „Die Kinder wurden zu Hause durch Lehrer unterrichtet, aber Deutsch und Geschichte unterrichteten sie selbst, denn sie wollten nicht, dass die Kinder mit antijüdischen Ideologien konfrontiert werden", begründet die Medizinerin diesen Schritt. „Auf breite Bildung haben sie Wert gelegt, beim Frühstück wurden Schiller und Goethe rezitiert." Die Mutter ist eine hochintelligente Frau, sie spricht Griechisch und Latein: Griechisch hat sich selbst beigebracht. Und sie spielt Klavier auf Profiniveau. „Es war ein sehr starker Familienverband", sagt Doris Fischer-Radizi.

Rahel interessiert sich schon als Kind für Medizin. Nach dem Abitur studiert sie ab 1913 ein Semester Zoologie und anschließend Humanmedizin an der Universität Freiburg im Breisgau, in Kiel und in Bonn. Anschließend zieht sie 1918, das Staatsexamen in der Tasche, nach Hamburg und beginnt im Israelitischen Krankenhaus zu arbeiten, einem jüdischen Krankenhaus, das aber alle Patienten aufnimmt. Ab Oktober 1918 arbeitet sie in der Inneren Abteilung des Krankenhauses Eppendorf. Dort wird ihr ein Jahr später gekündigt, um den heimkehrenden Soldaten Platz zu machen. Der Leiter des Physiologischen Instituts am UKE bietet ihr in dieser Situation eine Assistentenstelle an. Dort habilitiert sie sich 1923 als erste Frau an der Medizinischen Fakultät der Universität Hamburg. Im Wintersemester 1923/24 steht sie zum ersten Mal als Privatdozentin im Vorlesungsverzeichnis der Hamburgischen Universität. Regen Kontakt hat sie in dieser Zeit zu dem jungen Historiker Hans Liebeschütz (1893-1978), verliebt ist sie auch – und zwar in ihn.

Doch ihre Eltern haben einen anderen Mann für sie auserkoren, einen Mediziner aus Berlin. „Die Mutter wollte, dass die Mädchen heirateten, um im Alter nicht einsam und verbittert zu sein. Es war üblich, dass die Eltern jemanden aussuchten, der aus der gleichen Schicht kam und solide war. Man schickte entweder einen Verwandten zu den Eltern einer in Frage kommenden Braut oder eines Bräutigams. Oder ein professioneller Heiratsvermittler wurde eingesetzt", erläutert Doris Fischer-Radizi. Bei Rahel ist das nicht ganz leicht, sie ist unprätentiös, legt wenig Wert auf Äußeres, obendrein gelten studierte Frauen nicht unbedingt als attraktiv in diesen Zeiten und diesen Kreisen. Doch der Berliner Mediziner Fritz von Gutfeld (1888-1947) kommt aus einer

Familie, die ihr Vermögen im Krieg verloren hat und hofft, durch die Mitgift von Rahel Plaut wieder ihren alten Lebensstandard zu erreichen.

Die Hochzeitsvorbereitungen laufen auf Hochtouren – und die kreuzunglückliche Rahel hadert mit sich. Sie will diesen Mann nicht heiraten, sondern ihren Hans! Aber kann sie die Eltern enttäuschen? Die Aussteuer ist doch schon fertig, eine ganze Truhe mit bestickter Wäsche wartet auf sie. Schließlich fasst sie sich ein Herz und gesteht ihren Eltern: Nicht den Berliner Mediziner liebt sie, sondern ihren Jugendfreund, den Historiker Hans Liebeschütz. Den und nur den will sie heiraten. Ihre Eltern sind einverstanden, sie wollen ihr geliebtes Kind nicht leiden sehen. „Ich finde das bemerkenswert, denn es war ja eigentlich schon alles festgezurrt – es war ein ziemlicher Kraftakt, sich daraus zu lösen", merkt Fischer-Radizi an. Rahel darf also ihren Hans heiraten, sie ist glücklich und schenkt drei Kindern das Leben: Wolfgang, Hugo und Elisabeth.

Ihre (bezahlte) Assistentenstelle muss sie als verheiratete Frau aufgeben. „Damals waren keine Doppelverdiener zugelassen", nennt Doris Fischer-Radizi den Grund. Rahel führt ihre angefangenen Untersuchungen jedoch bis 1927 zu Ende und behält ihre Lehrerlaubnis. Es ist ihr wichtig, ihr Wissen weiterzuvermitteln, und sie lehrt am Physiologischen Institut – nun eben ohne Honorar.

Doch dann ziehen dunkle Wolken auf: Als Jüdin wird ihr wie allen anderen jüdischen Lehrenden durch die antisemitische Politik der Nationalsozialisten 1933 die Lehrerlaubnis entzogen. Rahel Liebeschütz-Plaut unterrichtet nur noch Physiologie an einer jüdischen Hauswirtschaftsschule, die junge Frauen auf die Ausreise nach Palästina vorbereitet. In jener Zeit muss sie auch erleben, dass sich ihr Umfeld immer mehr von ihr distanziert. „Bei einem jährlichen Klassentreffen ihres Mannes Ende 1932 waren noch die meisten Menschen aus ihrer Umgebung gegen Hitler eingestellt gewesen, ein Jahr später sah das schon ganz anders aus", beschreibt Fischer-Radizi die Veränderung. Für die Arbeit an Rahels Biografie hat sie von deren Enkeltochter 13 Kisten mit Unterlagen aus dem Nachlass ihrer Großmutter zur Durchsicht bekommen – darunter auch Rahels Erinnerungen an die Zeit von 1932 bis 1938, die sie im Alter von 85 Jahren für ihre

Enkelkinder auf Englisch notiert hat und die sich wie ein Roman lesen. „Ich fand ihren Text so spannend, ich habe ihn übersetzen lassen", sagt Doris Fischer-Radizi.

Vom Vater hat Rahel gelernt, eine selbstbewusste Jüdin zu sein. Den Angriffen begegnet sie erhobenen Hauptes. Doch auch die Kinder werden angefeindet. Rahel und ihr Mann sind besorgt. Ob es denn eine Zukunft für ihre Kinder gebe in Deutschland, überlegen sie. Aber sie hängen doch so an ihrem Zuhause! „Diese Überlegungen stellten sie schon 1932 an, aber 1933 haben sie noch ein Haus gebaut", sagt Doris Fischer-Radizi. „Niemand konnte sich damals den Holocaust vorstellen. Und es gab viele Aspekte, sie waren ja Deutsche, es war ihre Heimat, Hans Liebeschütz hatte Arbeit, sie hatten Angehörige zu versorgen." Außerdem ist da die Frage, wohin sie überhaupt gehen sollten. Welches Land würde sie aufnehmen, von was würden sie dort leben können? „Dann wurde Wolfgang, der die Volksschule in Blankenese besuchte, der Schule verwiesen, er sollte nun die orthodoxe Schule in Altona besuchen, doch das wollten Rahel und Hans nicht. Sie haben erreicht, dass sie ihre Kinder selbst beschulen dürfen, wie Rahel das ja aus ihrer Kindheit

Doris Fischer-Radizi neben dem Stolperstein für Rahel Liebeschütz.

gewohnt war. Im Januar 1936 besuchten vier Schüler die private Grundschule", erzählt Doris Fischer-Radizi die Geschichte weiter.

Vielleicht, denken sie, beruhigt sich die Situation ja, vielleicht wird alles wieder gut. Doch nichts wird wieder gut. Immer mehr Juden,

26

auch aus ihrem direkten Umfeld, verlassen das Land, allen voran Rahels zweitältester Bruder. Rahel und Hans akzeptieren, dass es wohl besser ist, zu gehen, und bereiten ihre Ausreise vor. „Das war kein einfaches Unterfangen, sie mussten präzise Vermögensangaben machen, maximal drei Prozent ihres Vermögens durften sie mit nach England nehmen", sagt Doris Fischer-Radizi. „Das wollten sie sich aber nicht gefallen lassen und haben Geld und Schmuck in ihre Kleider eingenäht."

In der Reichspogromnacht werden sowohl Hans Liebeschütz als auch Rahels Bruder Hubert Plaut und ihr Schwager Moritz Sprinz verhaftet. Der Termin für die Emigration ist für den 21.

„Das war kein einfaches Unterfangen, sie mussten präzise Vermögensangaben machen, maximal drei Prozent ihres Vermögens durften sie nach England mitnehmen."

Dezember angesetzt, elf Tage zuvor wird Hans Liebeschütz aus dem KZ Sachsenhausen entlassen. „Er wollte aber noch in Deutschland bleiben, weil er seine jüdischen Studenten nicht im Stich lassen wollte", sagt die Hamburgerin. Rahel fährt also mit den Kindern vor, im März 1939 folgt Hans ihr nach. „Es war für sie nicht leicht, in England Fuß zu fassen, sie mussten ja wieder ganz von vorne anfangen", sagt Doris Fischer-Radizi. „Aber als sie nach dem Krieg das Angebot bekamen, nach Hamburg zurückzukehren, Hans wurde eine gute Stelle angetragen, lehnten sie ab."

Denn inzwischen haben sich die Kinder eingelebt, Hans Liebeschütz lehrt an der Universität von Liverpool und ist einer der Gründer des Leo-Baeck-Instituts, das sich die Erforschung der Geschichte und Kultur des deutschsprachigen Judentums zur Aufgabe macht. Und Rahel arbeitet ehrenamtlich in der Altenpflege. „Noch mit 90 Jahren hat sie in ihrem Auto Essen für Menschen ausgefahren, die sogar jünger waren als sie selbst, die aber nicht mehr alleine einkaufen gehen konnten", bemerkt die Medizinerin bewundernd. Im Alter von 95 Jahren reist sie noch einmal als Ehrengast nach Hamburg, das ist 1989, denn in Eppendorf findet die Hundertjahrfeier des Krankenhauses statt, an dem sie einmal gearbeitet hat. „Bei der Gelegenheit hat man sich bei ihr entschuldigt für all das Unrecht, das ihr geschehen ist."

25 Jahre später findet wieder ein Jubiläum statt. „Zu diesem Jubiläum bin ich gegangen, um für das *Hamburger Ärzteblatt* darüber zu schreiben", erzählt Fischer-Radizi. „Ich hatte gerade meine Praxistätigkeit in Rahlstedt aufgegeben und hatte nun Zeit. Ich hatte früher für die Zeitung über die Stolpersteine geschrieben und dafür geworben, Stolpersteine für ermordete Ärzte zu finanzieren. Jetzt durfte ich nach der Veranstaltung die Führung von Frau Prof. Eva Brinkschulte für die damalige Wissenschaftssenatorin Dorthe Stapelfeld begleiten und erfuhr erstmals etwas über Rahel Liebeschütz-Plaut."

Was daraus wurde? Ein Buch, das in erster Linie Rahels Erinnerungen in deutscher Sprache wiedergibt. Dazu eine Biografie und eine professionelle Beschreibung der wissenschaftlichen Arbeit dieser ersten habilitierten Ärztin Hamburgs, die aus der Hansestadt vertrieben wurde und sich in England ein neues Leben aufbaute.

....

Erinnerungsorte:

Ein Stolperstein für Rahel Liebeschütz-Plaut auf dem Gelände des Universitätsklinikums Eppendorf befindet sich vor dem Hauptgebäude: Martinistraße 52.
Ihre einstige Wirkungsstätte ist das Institut für Physiologie, Universitätsklinikum Eppendorf, Martinistraße 52.
Stolpersteine für Adele Plaut (ihre Mutter), für Hans Liebschütz, für sie selbst und die drei Kinder Wolfgang, Hugo und Elisabeth befinden sich an der Ecke Neue Rabenstraße15-19 /Alsterterrasse.

Das Bild zeigt nicht Glikl bas Judah Leib, sondern Bertha Pappenheim (1859-1936). Sie übertrug Glikls Memoiren in die deutsche Sprache (1910) und ließ sich im zeitgenössischen Gewand der Glikl malen. Ein Bild der Glikl von Hameln gibt es nicht.

GOLD, DIAMANTEN, LIEBE

Unternehmerin des 17. Jahrhunderts

Am Ende kann sie zurückkehren in ihr „Nestchen", wie sie Hamburg nennt. Jahre zuvor ist sie mit ihrer Familie vertrieben worden: „Als ich noch keine drei Jahre alt war, wurden alle Juden von Hamburg ausgetrieben und mußten nach Altona ziehen, das dem König von Dänemark gehört, von dem die Juden gute Schutzbriefe haben." Dieses Ereignis von Ostern 1649 beschreibt Glikl, besser bekannt als „Glückel von Hameln", in ihren Lebenserinnerungen. Sie ist die erste Frau in Deutschland, die eine wirklich bedeutende Autobiografie schrieb. „Es ist ein Glücksfall der Geschichte, dass sie ihr Leben aufgeschrieben hat und dass diese Dokumente erhalten sind", urteilt die Historikerin Dr. Inge Grolle, die sich intensiv mit Glikl befasst hat.

Glikls Vater Judah Joseph, genannt Loeb Pinkerle (ca. 1595-1670), ein jüdischer Diamantenhändler und Vorsteher der jüdischen Gemeinde, ist außerordentlich angesehen und erfolgreich – einer der ersten aschkenasischen Juden, die sich in Hamburg das Wohnrecht kaufen können. Glikl wächst in wohlhabenden Verhältnissen auf, doch auf dem Glück des wirtschaftlich unbeschwerten Lebens liegt immer jener dunkle Schatten, dass sie als Jüdin wieder und wieder auf Ablehnung stößt. Auch das ist Teil ihrer Erinnerungen. Sie schildert eindrücklich das schwierige Leben der Hamburger Juden in der damaligen Zeit und berichtet auch von ihrer Kindheit im dänischen Altona, wo die aus Hamburg ausgewiesenen Juden vorübergehend Aufnahme fanden: „Dieses Altona ist kaum eine Viertelstunde von Hamburg entfernt", notiert sie. Als sie, damals noch ein Kind, mit ihrer Familie dort ankommt, habe es in Altona „schon ungefähr 25 jüdische Haushaltungen" gegeben, „dort hatten wir auch unsere Synagoge und unseren Friedhof". 1656 flieht die Familie vor den mit Dänemark kämpfenden Schweden zurück nach Hamburg und richtet sich dort allmählich wieder ein.

Inge Grolle hält das von ihr verfasste Buch über Glikl von Hameln in den Händen.

Um 1660, da ist Glikl grade einmal zwölf Jahre alt, wird sie mit dem Perlen- und Schmuckhändler Chajim ben Joseph verlobt, die Hochzeit findet zwei Jahre später statt. Die beiden leben in Hameln – daher, erklärt Inge Grolle, hat Glikl auch, wie damals üblich, den Namenszusatz. „Es gab ja keine Nachnamen im heutigen Sinne, die Namen entstanden häufig nach den Orten, in denen die Menschen lebten." Allein, in Hameln fühlt Glikl sich nicht wohl, sie findet, es sei „ein lumpiger, unlustiger Ort. […] Wir haben dort wenig Geschäft gehabt, denn Hameln war kein Ort von Handelschaft."

Das junge Ehepaar zieht also nach Hamburg, zurück in Glikls „Nestchen". Es lebt zunächst in Chajims Elternhaus in Hameln, später bei Glikls Eltern in Hamburg, bis Chajim sich in Hamburg selbstständig machen kann. Die Geschäfte ihres Mannes werden immer erfolgreicher: Er dehnt seinen Gold-, Perlen und Juwelenhandel nach Moskau, Kopenhagen, London und Amsterdam aus.

Glikl ist stets an seiner Seite. „Sie unterstützt ihn mit Rat und Tat und lenkt die Geschäfte mit", sagt Inge Grolle. Das ist der jungen Frau auch durchaus bewusst: „Und ich, ob ich auch noch jung

„Ich schreibe es mir nicht zum Ruhm, dass mein Mann – das Angedenken des Gerechten zum Segen – von niemandem einen Rat angenommen hat, als was wir uns immer zusammen besprochen haben."

gewesen bin, habe das Meinige dazu beigetragen. Ich schreibe es mir nicht zum Ruhm, dass mein Mann – das Angedenken des Gerechten zum Segen – von niemandem einen Rat angenommen hat, als was wir uns immer zusammen besprochen haben", erklärt sie in ihren Lebenserinnerungen.

Die Ehe soll glücklich gewesen sein – und fruchtbar: 14 Mal wird Glikl schwanger, zwölf Kindern schenkt sie das Leben. Als Chajim nach 28 Jahren Ehe 1689 stirbt, trauert seine 43-jährige Witwe bitter. Zumal der Schicksalsschlag vollkommen unerwartet kommt: Chajim stirbt an den Folgen eines Unfalls. „Das war ganz furchtbar für sie", sagt Inge Grolle. „Acht ihrer Kinder waren noch unverheiratet und Glikl musste für sie sorgen. Es war existenziell wichtig, die Kinder in bekannte und begüterte jüdische Familien zu verheiraten."

Nicht zuletzt deshalb, um das Erbe und das Andenken ihres Mannes zu bewahren, reißt sie sich zusammen und führt den Gold- und Juwelenhandel weiter. Glikl von Hameln macht Karriere, wie man heute sagen würde, ist eine erfolgreiche Geschäftsfrau und treibt nicht nur in Hamburg Handel, sondern auch in Paris, Amsterdam, Wien, Leipzig, Berlin und Metz. In ihren Memoiren schreibt sie: „Ich habe damals ziemlich stark mit Waren gehandelt, so daß ich jeden Monat für mehr als fünfhundert oder sechshundert Reichstaler verkauft habe. Außerdem bin ich alle Jahre zweimal auf die Braunschweiger Messe gereist und habe auf jeder Messe mehrere Tausende gelöst [...]. Ich habe mich auch nicht geschont, bin Sommer und Winter gereist und den ganzen Tag in der Stadt herum gelaufen [...]. Ich habe großen Kredit gehabt. Wenn ich auf der Börse zur Börsenzeit 20.000 Taler Banco hätte haben wollen, hätte ich sie bekommen können [...]."

Doch dann gerät ihr Stern ins Sinken – und zwar mit ihrer zweiten Eheschließung: Im Jahr 1700 heiratet sie Cerf Isaac Levy, einen reichen Bankier aus Metz. Ein Fehler. Denn der Gatte geht bankrott und zieht seine Frau mit in den Ruin. Ihr ganzes Vermögen, all ihre Rücklagen, alles, wofür sie gearbeitet hat, ist nun dahin. Als er 1712 stirbt, ist sie vollkommen mittellos.

Glikl von Hameln lebt in einer kleinen, unbeheizten Kammer, will ihren Kindern auf keinen Fall zur Last fallen. „Am Ende gelang es ihrer Tochter aber doch, sie zu überreden, zu ihr zu ziehen. Die Tochter hatte ein großes Haus und war reich und angesehen", sagt Inge Grolle.

> *„Am Ende gelang es ihrer Tochter aber doch, sie zu überreden, zu ihr zu ziehen. Die Tochter hatte ein großes Haus und war reich und angesehen."*

Wenn sie nun auch nichts materiell Wertvolles mehr vererben kann: Der Nachwelt hat sie etwas Wichtiges hinterlassen: ihre Memoiren, die sie für ihre Kinder, für sich selbst und für Gott, wie sie erklärt, in jiddischer Sprache aufschrieb. Meist nachts, wenn sie nicht schlafen konnte. Mit der Niederschrift begann sie 1689, als sie Witwe geworden war, und sie schrieb bis 1719. „Ich habe dieses angefangen zu schreiben mit Gottes Hilfe nach dem Tode eures frommen Vaters, und es hat mir wohl getan, wenn mir die melancholischen Gedanken gekommen sind, aus schweren Sorgen, als wir waren wie eine Herde ohne Hirt und wir unseren getreuen Hirten verloren haben. Ich habe manche Nacht schlaflos zugebracht und ich habe besorgt, dass ich nicht, Gott bewahre, in melancholische Gedanken sollte kommen. Darum bin ich oft nachts aufgestanden und habe die schlaflosen Stunden damit zugebracht."

> *„Die Glikl ist eine Ausnahmefrau, eine hervorragende Quelle, wie es gar keine vergleichbare gibt."*

Es gab schon früher einige weibliche Autobiografien. Doch Glikls Memoiren sind in mancher Hinsicht die einzige Quelle aus dieser Zeit über jüdisches Leben in Deutschland. „Die Glikl ist eine Ausnahmefrau, eine hervorragende Quelle, wie es gar keine vergleichbare gibt", ordnet die Historikerin Glikls Bedeutung ein. Und: „Ich finde auch, dass sie eine großartige Schriftstellerin ist."

....

Erinnerungsort:

Die Glückel-von-Hameln-Straße in Altona-Nord erinnert seit 2016 an die Unternehmerin und Autorin.

MUSE, MANAGERIN, PARTNERIN
Für die Kunst und die Liebe

*D*ie kleine Tablette trägt sie immer bei sich. Wenn sie kommen, um sie zu holen, wird sie sie einnehmen, ohnehin hat sie Sehnsucht nach dem Tod – zusehen zu müssen, dass immer mehr Freunde „geholt" werden, die Anfeindungen erleben zu müssen, den ständigen Hass und die Abscheu, das macht so traurig, so einsam, so müde. Und ihre Liebsten, die hat sie ohnehin längst verloren. Ihr Mann ist tot, ihr Sohn gefallen, schon im Ersten Weltkrieg, ihre Freunde sind deportiert worden oder ins Exil gegangen. Am Ende nimmt sie die Tablette dann tatsächlich. Nicht, weil sie deportiert werden soll, davor schützt sie ihr einflussreicher Freund Peter Suhrkamp (1891-1959), sondern weil sie sich unheilbar krank wähnt. Und unheilbar krank ist vielleicht auch wirklich ihr Herz: Ida Dehmel, diese ungewöhnliche und mutige Frau, ist am Ende ihres Lebens einfach nur verzweifelt – ein Leben, das die Hamburger Kulturwissenschaftlerin Carolin Vogel sehr berührt hat.

Es war purer Zufall, dass Carolin Vogel auf Ida Dehmel aufmerksam wurde. Sie war hinzugerufen worden, als das Dehmelhaus in Blankenese saniert werden sollte. Ihre Aufgabe: das Haus aus kulturhistorischer Sicht zu sichern. Carolin Vogel betrat das Gebäude und stand auf einmal vor einem Schreibtisch – einem alten Schreibtisch – auf dem ein Foto stand. Das Foto einer schönen Frau: Ida Dehmel. Nachdenklich nahm die Kulturwissenschaftlerin das Bild in die Hand und betrachtete es. Stellte es wieder zurück und setzte sich vorsichtig an dem Schreibtisch. „Von diesem Ort, ihrem Schreibtisch, ging ein ganz besonderer Zauber aus", sagt sie. „Ida Dehmel hat mich vom ersten Augenblick an fasziniert und nicht mehr losgelas-

Ida Dehmel widmete ihr Leben der Kunst – und ihrem Mann: Dieses Porträt der Lyrikerin hat der Fotograf Jacob Hilsdorf vor 1916 aufgenommen.

sen." Sie begann zu recherchieren, stieg immer tiefer in das Leben Ida Dehmels ein, es wurde eine Doktorarbeit daraus.

Ida, mit dem Mädchennamen Coblenz, wird 1870 als Tochter eines jüdischen Weinbergbesitzers und Weinhändlers in Bingen am Rhein geboren. Sie wächst als eines von fünf Kindern in einem wohlhabenden Elternhaus auf. Die Mutter stirbt früh, der Vater ist streng. Als junges Mädchen besucht sie ein Pensionat in Brüssel. Schon bald zeigt sie Interesse an Literatur und Musik, spielt hervorragend Klavier, schreibt Rezensionen, mit dem Dichter Stefan George (1868-1933) verbindet sie eine Jugendfreundschaft.

1895 beugt sie sich dem Wunsch ihres Vaters und heiratet den Berliner Kaufmann Leopold Auerbach, mit dem sie eine prächtige Wohnung am Rande des Tiergartens bezieht, noch im gleichen Jahr kommt ihr Sohn Heinz-Lux zur Welt und Ida hat eine schicksalhafte Begegnung: Sie lernt Richard Dehmel (1863-1920), zu seinen Lebzeiten einer der bekanntesten Dichter, kennen und

„Sie wirkten in dieser traditionsreichen Gegend schon wie zwei ziemlich schräge Vögel."

verliebt sich in den verheirateten Mann. Ida kann ihre Gefühle nicht unterdrücken, drei Jahre später trennt sie sich von ihrem Mann und zieht in die Nachbarschaft des Ehepaars Richard und Paula Dehmel. Richard erwidert ihre Gefühle, brennt durch und reist mit ihr durch Europa, ihre Partner und Kinder lassen beide zunächst zurück. „Sie haben sich an verschiedenen Orten niedergelassen, sich von ihren Partnern scheiden lassen und in London geheiratet", erzählt Carolin Vogel.

Irgendwann hegen die Dehmels den Wunsch, sesshaft zu werden. „Sie haben immer wieder geschaut, wo sie leben möchten", sagt sie. „Dehmel hatte einen Freund in Altona und war bei seinen Besuchen oft in Blankenese. Er hatte gesehen, wie schön es dort ist. Deswegen haben sie sich für Blankenese entschieden – sie haben aber auch immer ihr Zuhause beieinander gefunden."

In Blankenese zieht das Paar zunächst in eine Mietwohnung – die es zum Gesamtkunstwerk zu machen versteht. Nicht nur deshalb fällt das exzentrische Paar auf, sondern auch wegen Idas Kleiderwahl, sie bevorzugt Reformkleider. „Sie wirkten in dieser traditionsreichen Gegend schon wie zwei ziemlich schräge Vögel", merkt Carolin Vogel an. „Wenn sie über den Jungfernstieg gingen, fiel diese große, etwas orientalisch wirkende Frau in ihren Reformkleidern auf."

Das Ehepaar schart schnell eine große Gruppe von Künstlern um sich. Wie schon in Berlin in ihrer Wohnung am Tiergarten, richtet Ida Dehmel Salons für Künstler aus, in denen sie auch und vor allem jenen einen Plattform bietet, die noch nicht so bekannt sind. „Die Dehmel'sche Wohnung wird zum Anziehungspunkt für viele bedeutende Künstler ihrer Zeit. Das Ehepaar verkehrt in Kunstkreisen in Weimar, Wien und Berlin und bringt ein Stück Avantgarde in die eher konservative Hamburger Umgebung", bringt es Carolin Vogel auf den Punkt.

Ab 1906 engagiert Ida Dehmel sich für den Hamburger Frauenklub, ab 1911 ist sie Vorsitzende des Bezirksvereins Hamburg-Altona des Norddeutschen Verbands für Frauenstimmrecht. Ein Jahr später ziehen die Dehmels um – in ein von Richard Dehmel mitgestaltetes Haus in Blankenese. Hier richtet Ida Dehmel ihre Werkstatt für Perlarbeiten ein. Das Haus hat Richard Dehmel zu seinem 50. Geburtstag bekommen: „Freunde und Verehrer schenkten es ihm, nachdem zwei junge Frauen eine

Dr. Carolin Vogel mit dem Buch, das sie über das Dehmelhaus geschrieben hat.

geheime Sammlung durchgeführt hatten", sagt die Kulturwissenschaftlerin. „In ganz Europa gab es Würdigungen für Richard Dehmel in der Presse. Das Haus erlangte überregionale Bedeutung."

Im Ersten Weltkrieg engagiert sich Ida Dehmel an der Heimatfront und in der Hinterbliebenenhilfe und gründet außerdem 1916 mit Rosa Schapire (1874-1954) den Frauenbund zur Förderung deutscher bildender Kunst. Und dann verliert ihr Leben sein Leuchten, seine Leichtigkeit und Ida Dehmel ihre Freude: Ihr Sohn Heinz-Lux, der bei ihr aufgewachsen ist, fällt 1917 in Frankreich. 1919 kandidiert sie noch für die Deutsche Volkspartei, dann ereilt sie, ein Jahr später, der nächste Schicksalsschlag: 1920 stirbt Richard Dehmel. Doch sie versucht, sich von ihrer Trauer abzulenken. „Ab sofort hat sie all ihre Energie darauf verwendet, sein Andenken zu bewahren und das Haus zu einer Richard-Dehmel-Gedächtnisstätte zu machen", sagt Vogel. „Ida ergänzte das seit 1895 von ihr aufgebaute Dehmel-Archiv, gab zwei Briefbände und eine Werksammlung heraus." Sie lädt zu Konzerten und Führungen ein und macht das Haus zu einer bedeutenden Adresse der 1920er-Jahre, gründet die Dehmel-Stiftung und die Dehmel-Gesellschaft. 1926 ruft sie den Künstlerinnenverband GEDOK (Gemeinschaft Deutscher und Oesterreichischer Künstlerinnenvereine aller Kunstgattungen) ins Leben und verkauft rund 50.000 Briefe ihres umfassenden Archivs an den Hamburgischen Staat. Die Briefe werden weiterhin im Dehmelhaus aufbewahrt, sind nun aber für die Zukunft durch die Universitätsbibliothek gesichert.

All das ist Anfang der 1930er-Jahre vorbei: „Ida Dehmel hat die Auswirkungen des Nationalsozialismus aufgrund ihrer jüdischen Abstammung sehr früh zu spüren bekommen. Sie musste ihren Vorsitz der GEDOK niederlegen, die Veranstaltungen in ihrem Haus einstellen und es gab plötzliche Steuereintreibungen", erläutert Vogel. Sie erhält ein Publikationsverbot, ist Anfeindungen ausgesetzt und muss erleben, dass einstige Freunde die Straßenseite wechseln, wenn sie ihr begegnen. Es wird einsam um sie. Werke vertrauter Schriftsteller und Maler werden verboten, viele ihrer Freunde gehen ins Exil. Dann stirbt 1935 ihre Schwester Alice Bensheimer (1864-1935). „Der Verlust trifft sie hart, denn Alice war ihre engste Vertraute", unterstreicht die Kulturwissenschaftlerin. Ida Dehmel zieht sich in ihr Haus zurück – oder geht auf Reisen. „Sie unternimmt Seereisen in alle Welt, kehrt jedoch immer wieder ins Dehmelhaus zurück", sagt Carolin Vogel.

Ida Dehmel will sterben, zumal sie, es ist 1939, an gesundheitlichen Problemen leidet. Jetzt steckt sie die Tablette ein, die sie in

> *„Sie musste ihren Vorsitz der GEDOK niederlegen, die Veranstaltungen in ihrem Haus einstellen und es gab plötzliche Steuereintreibungen."*

Zukunft immer bei sich tragen wird. Denn es nagt nun die Angst vor Deportation an ihr. „Sie wusste ganz genau, was mit den Juden passiert, die ‚geholt' werden", sagt Carolin Vogel. „Sie war aber auch sehr stolz und fühlte sich sehr deutsch. Sie war im besten Sinne des Wortes unbeugsam, aber sie hat gelitten unter der Einsamkeit und daran, dass sie nichts tun konnte, sondern zuschauen musste, wenn ihre Freundinnen aus ihren Wohnungen geschleppt werden." Ihre eigene Deportation kann Peter Suhrkamp verhindern.

Die Todessehnsucht bleibt, denn Ida Dehmel wähnt sich unheilbar krank. 1942 setzt sie ihrem Leben mit einer Überdosis Veronal ein Ende. Sie stirbt an dem Ort, der ihr als junger, verliebter Frau zur Heimat wurde. Dem Ort, an dem sie lieben durfte und an dem ihre schönsten Erinnerungen hingen. Dem Ort, an den sie trotz aller Anfeindungen immer wieder zurückkehrte, obwohl sie durch das Erbe ihrer Schwester Geld hatte und auf den Seereisen überall hätte von Bord gehen können. Sie stirbt am Ort ihrer Liebe, über die Carolin Vogel sagt: „Ida war nicht nur Richard Dehmels Frau, sondern auch das Ziel seiner literarischen Anbetung. Die Liebe, von der er schrieb, und die Verehrung, die er seiner Frau zu Füßen legte, ließ Werk und Wirklichkeit ineinanderfließen. Zum Beispiel in dem Vers-Roman *Zwei Menschen*. Und damit hat Ida Dehmel zeitlebens auch ein bisschen kokettiert und es genossen."

·····································

Erinnerungsort:

Das Dehmelhaus in der Richard-Dehmel-Straße 1 in Blankensee blieb mit einem Teil seiner ursprünglichen Einrichtung erhalten. Es wurde restauriert und kann im Rahmen von Führungen besichtigt werden.

Die Frau des Bundeskanzlers
Eine Blume namens Loki

Vieles von dem, womit man sie später einmal in Verbindung bringen wird, begleitet sie schon in frühester Kindheit und Jugend: der Spitzname. Die Liebe zur Botanik. Der Mann. Die Zigaretten, die sie mit ihm raucht. Die Wachheit und Leidenschaft für das Wissen: Schon als Kind gibt sich die kleine Hannelore Glaser den Namen Loki, schon als Kind entdeckt sie ihre Liebe zu Pflanzen, schon als Jugendliche lernt sie ihren Mann, den späteren Bundeskanzler Helmut Schmidt (1918-2015) kennen. Und schon als Kind hat sie diese ungeheure Präsenz, über die Dr. Petra Schwarz sagt: „Sie hatte die Gabe, den Menschen das Gefühl zu geben, dass sie in dem Moment, in dem sie mit ihnen spricht, ganz bei ihnen ist. Sie hatte die Fähigkeit, auf Augenhöhe zu kommunizieren, sie und ihr Mann sind immer bodenständig gewesen." Und Petra Schwarz muss es wissen, hat sie doch seit 2005 eng mit Loki Schmidt zusammengearbeitet und leitet heute das nach ihr benannte Museum.

Lokis Mutter ist Näherin, der Vater Elektriker, in der Weltwirtschaftskrise wird er arbeitslos. Das Mädchen lebt mit Eltern und Geschwistern in einem Gassenviertel, die Wege zwischen den Häusern sind schmal, es ist düster und der Blick aus dem Fenster nur der aufs nahegelegene Nachbarhaus. Kaum, dass einmal Licht hereinfällt. „Die Mutter fand, dass das kein ideales Umfeld für ihre Kinder sei, also ist sie mit ihnen oft in den Hammer Park gegangen", sagt Petra Schwarz. Und genau hier entdeckt Loki ihre Liebe zu Pflanzen. „Schon im Alter von zwei Jahren hat sie ‚Frau Mantel' zu Frauenmantel gesagt. Sie hat dann immer einen Knicks gemacht und gerufen: ‚Guten Tag, Frau Mantel'." Die Mutter lehrt sie die Liebe zur Natur, bringt ihr bei, genau zu beobachten, genau zu schauen.

....

Loki Schmidt war eine exzellente Kennerin der Botanik. Und als Pädagogin verstand sie es, ihren Schülern die Liebe zu Pflanzen nahezubringen.

Die Eltern erwerben ein 15-bändiges Werk über die Flora Deutschlands von Jacob Sturm. Diese Bücher sind Bilderbücher, ein Magnet für die kleine Loki, die sie sich wieder und wieder aufmerksam ansieht. Loki hat Glück, denn ihre Liebe zur Natur wird auch in den Folgejahren weiter gefördert. Sie besucht ab 1925 die Schule Burgstraße, eine Reformschule, später, ab 1929 dann die Lichtwarkschule. „Das war eine höhere Schule, ebenfalls mit Reformcharakter, die großen Wert auf Naturbezug legte", sagt Petra Schwarz. Dort lernt sie auch die Biologielehrerin Ida Eberhardt kennen. Nachmittags begleitet sie sie auf die Wiesen, um Pflanzen und Insekten als Anschauungsmaterial für den Unterricht zu sammeln. Und die Lehrerin, begeistert von dem jungen Mädchen und seiner Wissbegierde, versorgt es weiter mit Literatur über die Flora Deutschlands. Da schon entsteht Lokis breit angelegtes lexikalisches Wissen. Und da schon findet sie die Liebe ihres Lebens: Ein Junge geht in ihre Klasse, mit dem sie die ersten Zigaretten raucht und damit bis ins hohe Alter nicht aufhören wird. Helmut Schmidt.

Die Lehrerinnen an dieser Schule sind außerordentlich spannende und starke Frauen: Ida Eberhardt, die Biologielehrerin, weigert sich, eine nationalsozialistische Hetzschrift an der Schule aufzuhängen, und wird deshalb 1935 vom Schuldienst suspendiert. Und Deutschlehrerin Erna Stahl steht mit der Weißen Rose Hamburg in Verbindung.

So gern würde Loki Biologie studieren, das ist jedoch zu teuer – sie entscheidet sich, Lehrerin zu werden. Die besten Vorbilder hat sie ja gehabt. 1940 schließt sie ihr Studium nach vier Semestern ab. „Den Wunsch, Naturforscherin zu werden, hat sie später selbst als gehätschelten Kin-

Dr. Petra Schwarz betrachtet an ihrem Arbeitsplatz im Loki Schmidt Haus ein Bild der Namensgeberin.

dertraum bezeichnet, von dem sie wusste, dass er wegen Geldmangel nicht wahr werden konnte", sagt Petra Schwarz. „Aber dieses Wissen, diese Liebe zur Natur, das hat sie später in ihrer Zeit als Lehrerin – 30 Jahre waren das – auf ganz fantastische Weise an die Kinder weitergegeben. Wenn ich ehemalige Schüler traf, haben sie alle geschwärmt."

Denn die junge Lehrerin hat ein gutes Gespür dafür, wie sie Kinder in kleinen Schritten an die Natur heranführen kann. „Sie hat mit ihren Schülern Spaziergänge gemacht und Pflanzen ausgegra-

„Montags brachte sie immer einen Wildblumenstrauß mit in die Klasse und freitags waren den Kindern die Namen der einzelnen Blumen geläufig."

ben. Montags brachte sie immer einen Wildblumenstrauß mit in die Klasse und freitags waren den Kindern die Namen der einzelnen Blumen geläufig."

In ihren beiden Anfangsjahren als Lehrerin ist sie noch ledig – und allein: Es ist Krieg, Helmut Schmidt als Offizier an der Ostfront eingesetzt. Nach seiner Rückkehr, Ostern 1942, verloben sich die beiden, geheiratet wird am 27. Juni desselben Jahres. Und dann fällt unglaublicher Schmerz auf das junge Glück: Die Schmidts müssen ihren kleinen Sohn Walter, der am 26. Juni 1944 das Licht der Welt erblickt, im Februar des Folgejahres bestatten. Sechs Fehlgeburten erleidet die junge Loki, nur ein Kind darf leben: die im Mai 1947 geborene Tochter Susanne.

Helmut Schmidt gerät in Kriegsgefangenschaft, 1945 kehrt er zurück, studiert nun Staatswissenschaften und Volkswirtschaftslehre, Loki sorgt für das Familieneinkommen. Und das tut sie mit ganzem Herzen.

Dann kommt die Politik mit Macht in ihr Leben, und damit fängt etwas an, das „etwas seltsam anders" ist, wie Loki Schmidt sagen wird. 1953 wird ihr Gatte Mitglied des Deutschen Bundestags, es beginnt nun eine Zeit, die nicht einfach ist für Loki, vor allem dann nicht, als die Sechziger anbrechen: Ihre Tochter macht Abitur, ihr Mann hat eine Affäre – und es wird wohl nicht die einzige bleiben – dann geht er nach Bonn. Es ist eine schwere Krise für Loki, zumal die Affäre ihres Mannes öffentlich wird. Sie selbst ist ihm bis an ihr Lebensende treu. Sie bietet ihm die Trennung an. Er lehnt ab, trennt sich von der Geliebten, die 17 Jahre jünger ist und Helga heißt. Ihre Ehe ist von Krisen und Brüchen begleitet. Doch nach jeder Krise entscheiden sie sich wieder füreinander, lassen sich wieder aufeinander ein, finden sich immer und immer wieder neu. Loki übt Toleranz und Nachsicht, wo sie nur kann, sonst, das weiß sie, wäre ihre Ehe wohl gescheitert.

1974 wird er Kanzler, da ist sie 55 Jahre alt. Verbiegen will sie sich nicht in ihrer neuen Rolle, selbstbewusst nimmt sie sie an, aufrechten Hauptes schreitet sie zu Treffen mit den Staats- und Regierungschefs dieser Welt. Sie denkt bei sich: Du stehst hier nicht als Frau Schmidt, sondern als Frau Deutschland. Knicksen, wie sie das als kleines Mädchen vor „Frau Mantel" tat, will sie nicht, auch nicht vor der Queen, das widerspreche ihrer persönlichen Grundhaltung. Stattdessen bietet sie dem spanischen Königspaar spontan Häppchen aus ihrem Kühlschrank an. „Ich hatte ein paar Schnitten im Kühlschrank. Nach der Oper haben wir sie gefragt, ob sie Lust hätten. ‚Ja', und dann haben wir zu viert hier gegessen. [...] Der König, seine Frau und wir haben geklönt und geklönt." Sie ist Kanzlergattin mit eigenen Interessen, eigenem Auftreten und einer eigenen Note. Und ihm eine wichtige Ratgeberin. Die, von der er offenes und ehrliches Feedback bekommt. Die, die seine Reden immer als Erste liest. Ihr Leben ist voll, knallvoll, und wenige Jahre vor ihrem Tod sagt sie: „Dass man so viel in ein Leben hineinstopfen kann, habe ich natürlich früher auch nicht gedacht. In meinen 90 Lebensjahren war Platz für mindestens drei Leben."

Und in diesem so vollen Leben nimmt eben auch die Botanik eine große, eine sehr große Rolle ein. „Als sie 1974 Kanzlergattin wurde, wurde ihr bewusst, dass sie noch viel mehr anstoßen kann", sagt Schwarz. „Dann hat sie Kontakte zur Max-Planck-Stiftung geknüpft, um mit ihren Kenntnissen in der Botanik an Forschungsprojekten mitzuarbeiten. Im Urlaub begleitete sie Expeditionen wie eine vollwertige Forscherin – ihre erste Reise führte nach Kenia." 20 wird sie insgesamt unternehmen und Zehntausende Kilometer hinter sich bringen. Auf diese Reisen bereitet sie sich immer ganz akribisch vor und führt genauestens Tagebuch. „Sie hatte stets eine Lupe bei sich und ist auf Knien auf der Wiese rumgerutscht. Immer ganz nah dran am Geschehen", sagt Petra Schwarz. In Mexiko entdeckt sie eine neue

Pflanzenart, die erste, die nach ihr benannt werden wird, die *Pitcarnia Loki-Schmidtiae.*

Ihr 1976 gegründetes Kuratorium zum Schutze gefährdeter Pflanzen wird 1979 in eine Stiftung überführt, die sich mit der Stiftung Naturschutz Hamburg zur heutigen Loki Schmidt Stiftung zusammenschließt. Für die Luxusporzellanmanufaktur Rosenthal entwirft und signiert sie eine Blumenkollektion. Durch den Verkauf des Geschirrs kommen 750.000 Mark zusammen, das Geld fließt in ihre Stiftung, die dann auch – und immer noch – stets eine Blume des Jahres benennt. „Immer mit dem Hintergrund, sie bekannt zu machen und den Lebensraum, in dem sie vorkommt, zu schützen", erklärt Petra Schwarz. Die Stadt ehrt Loki Schmidt für ihre Verdienste. Sie wird Ehrenbürgerin, Ehrendoktorin und Ehrenprofessorin.

„Bei allem, was sie tat, ging sie weitsichtig, planvoll, hartnäckig und strukturiert vor", sagt Petra Schwarz. „Sie hatte eine wunderbare, frische Art, auf die Menschen zuzugehen, sie sagte einmal, wenn mein Mann Gräben aufriss, schüttete ich sie wieder zu." Auch mit Petra Schwarz hat Loki Schmidt immer wieder gern geschnackt, einmal im Monat hat die spätere Leiterin des Loki Schmidt Hauses die Gattin des einstigen Kanzlers zu Hause besucht, als es darum ging, das Botanische Museum zu entwickeln. „Dass sie genehmigte, das Botanische Museum Loki Schmidt Haus zu nennen, knüpfte sie an die Bedingung, an der Konzeption mitwirken zu dürfen", sagt Petra Schwarz. „Da haben alle natürlich begeistert ja gesagt."

....

Erinnerungsorte:

Das einstige Wohnhaus der Schmidts steht am Neubergerweg 80 in Langenhorn. Das Loki Schmidt Haus befindet sich im Loki-Schmidt-Garten, dem Botanischen Garten der Universität Hamburg, in der Ohnhorststraße 18. Im Garten ist auch eine Büste von ihr zu bewundern. Ihr Grab befindet sich auf dem Ohlsdorfer Friedhof bei der Mittelallee.

FÜR DIE FRAUENRECHTE

Die Freiheit nehmen sie uns nicht

Das blonde, lockige Haar trägt sie meist aufgesteckt, einzelne Strähnen kringeln sich um die Wangen und lassen das so nachdenkliche, schmale Gesicht über dem hochgeschlossenen Kleid etwas weicher erscheinen und den Blick etwas weniger streng. Ihre Entschlossenheit, die dem Betrachter der Fotos regelrecht entgegenspringt, war wohl mit dafür verantwortlich, dass Lida Gustava Heymann, eine der prominentesten und schillerndsten Vertreterinnen der bürgerlichen Frauenrechtsbewegung, so viel erreichte. „Leider ist sie inzwischen ein wenig in Vergessenheit geraten, aber ihre Bedeutung ist enorm", sagt die Hamburger Autorin Micaela Jary, die im Zuge der Recherchen zu ihrem Roman *Das Haus am Alsterufer* auf Lida Gustava Heymann stieß und sie in die Handlung einfließen ließ. „Und ich wünschte, ich könnte ihrem Lebenswerk mehr als nur dieses eine Denkmal setzen."

Das Leben der wohlhabenden Kaufmannstochter beginnt behütet, besser gesagt: durchaus isoliert. Gouvernanten und Hauslehrer erziehen die Hamburgerin. Die Eltern legen Wert auf Bildung – und sie schirmen ihre Kinder von der Außenwelt ab, Lida wird zunächst zu Hause unterrichtet. Als sie 14 Jahre alt ist, besucht sie für zwei Jahre die vornehme Höhere Töchterschule (stets begleitet von einem Diener), ist aber der Meinung, dass man sie dort lediglich mit „kümmerlichem Wissen" abgespeist habe, wie sie später in ihrer Autobiografie schreibt. Glücklicher ist sie in einem internationalen Mädchenpensionat in Dresden, hier wird sie selbstsicherer und selbstständiger. Die Zeit dort bleibt ihr als wertvoll in Erinnerung und sie resümiert später, dass ihr „inneres Leben unendliche Bereicherung an Wissen und Bildung" erfahren hat.

Lida Gustava Heymann war eine der schillerndsten Vertreterinnen der bürgerlichen Frauenrechtsbewegung.

Nach ihrem Schulabschluss kehrt sie nach Hamburg zurück und unterrichtet an einer Armenschule. Da sie aber keine Ausbildung als Lehrerin vorweisen kann, darf sie, als die Schule 1890 verstaatlicht wird, nicht mehr unterrichten. Um den Kontakt zu den Schülern nicht zu verlieren, gründet sie im Hause ihrer Eltern eine Nähschule. Sie bildet sich fort, baut sich einen Freundeskreis auf, und ihr Vater, beeindruckt von ihrer Entschlossenheit, zieht sie immer wieder in geschäftlichen Angelegenheiten zurate. „Das war absolut untypisch für die damalige Zeit, als Frauen noch kaum Rechte hatten", unterstreicht Micaela Jary, „für die musste Lida ja erst kämpfen."

> **„Das war absolut untypisch für die damalige Zeit, als Frauen noch kaum Rechte hatten, für die musste Lida ja erst kämpfen."**

Wirklich glücklich ist die junge Frau nicht in jener Zeit: „Es waren Jahre, wo jeder Mensch, ob Mann oder Frau, aus der Fülle seiner Kraft zu gestalten bestrebt ist, leben und schaffen will. Mir aber waren überall Grenzen gesteckt, und an diesen Grenzen rieb ich mich innerlich wund und krank; ich wußte nicht, wohin mit meiner überschüssigen Kraft", schreibt sie später in ihrer Autobiografie.

Mit dem Tod ihres Vaters im Jahr 1896 beginnt für sie – ungeachtet der Trauer – ein Stück Freiheit. Nicht, weil er es gewesen wäre, der sie eingeschränkt hätte, nein, er hinterlässt ihr ein großes Erbe, wodurch sie finanziell unabhängig wird. Und Lida Gustava Heymann erkennt, dass die finanzielle Unabhängigkeit „die erste Voraussetzung für Selbstbehauptung und unbeeinflußte Weiterentwicklung nicht nur der Frau, sondern überhaupt jedes Menschen" ist. Das Geld setzt sie für das ein, wofür sie sich ohnehin schon stark gemacht hat: die Unterstützung von sozial Schwächeren. Sie mietet in der Hamburger Innenstadt eine Etage an und etabliert dort einen Mittagstisch für Ladnerinnen (Verkäuferinnen), 1896 wird sie Gründungsmitglied der Hamburger Ortsgruppe des Allgemeinen Deutschen Frauenvereins und besucht als dessen Vertreterin den Internationalen Frauenkongress in Berlin. Hier lernt sie auch ihre spätere Lebensgefährtin Anita Augspurg (1857-1943) kennen. Lida sieht die Armut vieler Frauen, sieht die Ungleichbehandlung, und sie will noch mehr tun als „nur" einen Mittagstisch anzubieten und sich im Verein zu engagieren. 1897 kauft sie ein Haus in der Hamburger Innenstadt und erweitert den Mittagstisch um einen Hort, eine Badeanstalt mit Wannenbädern und Duschen sowie eine Rechts- und Sozialberatung, welche überwiegend von Frauen genutzt wird. Sie kümmert sich um die Bildung ihrer Schützlinge und ruft eine Handelsschule für Mädchen ins Leben.

Lida Gustava Heymanns Kampf ist nicht still und leise, sondern laut, fordernd und teilweise auch anklagend. Dem Senat hängt sie eine Klage wegen Zuhälterei an. Sie gründet Vereine, die radikale Forderungen stellen, darunter den 1902 gegründeten Deutschen Verein für Frauenstimmrecht. Außerdem setzt sich Lida für einen humaneren Umgang mit Prostituierten ein. Um deren Lebenswelt zu erkunden, ist sie nachts in Männerkleidung im Hafen unterwegs. „Die Folge ist, dass Lida Gustava Heymann fortan und bis ins Jahr 1918 von der politischen Polizei überwacht wurde", sagt Micaela Jary.

Als im August 1914 der Erste Weltkrieg ausbricht, gehört Lida an der Seite ihrer Lebensgefährtin zu den Pazifistinnen und Initiatorinnen des ersten Internationalen Frauenfriedenskongresses, der 1915 in Den Haag abgehalten und auf dem mehr als deutlich wird, dass sie für ihre Sache nicht allein kämpft: „1.100 Vertreterinnen aus europäischen Ländern und den USA nahmen teil", unterstreicht Micaela Jary. Gemeinsam mit Anita Augspurg kämpft sie für ein Familienrecht, das die Frauen nicht länger entmündigt, und dafür, dass der Paragraf 218 abgeschafft wird.

Micaela Jary hat sich intensiv mit der Biografie der Lida Gustava Heymann beschäftigt.

Immer kritischer sieht die Hamburger Obrigkeit Lida Gustava Heymanns Handeln, immer mehr ist sie ihr ein Dorn im Auge – um der drohenden Haftstrafe zu entgehen, zieht Lida deshalb gemeinsam mit Anita Augspurg nach Bayern. Hier leitet sie für den deutschen Ausschuss des Frauenfriedenskongresses das Büro. Und wie schon in

Hamburg, eckt sie auch in Bayern wieder an: Die bayerische Regierung sieht ihre Aktivitäten nicht gern, bezeichnet sie sogar als kriegsgefährdend und weist sie 1917 aus Bayern aus. Jedoch, zurück nach Hamburg kann Lida nicht, dort wäre sie sofort ins Gefängnis gewandert. Sie bleibt daher in München im Versteck.

Dort tritt wenige Jahre später ein Mann auf, der in Lida Gustava Heymann große Antipathie hervorruft: Adolf Hitler (1889-1945). Von Anfang an steht sie ihm und den Nationalsozialisten ablehnend gegenüber, vom bayerischen Innenminister fordert sie die Ausweisung des „Österreicher(s) Hitler". Immer entschlossener setzt sie sich gegen die Nazis ein, immer stärker werden deren Angriffe. Als die Nationalsozialisten an die Macht kommen, befinden sich Lida und Anita auf einer Auslandsreise, von der sie nicht zurückkehren: „Beide waren sich darüber im Klaren, dass Lebensgefahr bestand, wären sie nach München zurückgekommen. Sie wurden für ihre Positionen von den Nationalsozialisten angegriffen und verfolgt", unterstreicht Micaela Jary. Die beiden Frauen gehen ins Schweizer Exil, am Anfang ist noch Geld da, doch 1934 ist es auch damit vorbei: Der bayerische Staat konfisziert Lidas gesamtes Vermögen. Freundinnen unterstützen das Paar, Lida engagiert sich für das PAX Jugendwerk, eine Stiftung zur Völkerverständigung. Außerdem arbeitet sie an ihrer Biografie mit dem Titel *Erlebtes – Erschautes: deutsche Frauen kämpfen für Freiheit, Recht und Frieden*. Lida schreibt: „Besitz und Vermögen hatte man uns stehlen können, nicht aber geleistete Arbeit im Kampf um Freiheit, Recht und Frieden."

....

Erinnerungsorte:

In Hamburg wurde im Jahr 1946 eine Straße nach ihr benannt. Da „Lida-Gustava-Heymann-Straße" aber etwas lang ist, benannte man sie einige Jahre später in Heymannstraße um. Seit 2009 gibt es außerdem eine Gedenktafel in der Europa-Passage, die an Lida Gustava Heymann erinnert.

Doris Lütkens war eine große Befürworterin des Kindergartens. Von ihr selbst gibt es keine Abbildung.

GUTE BILDUNG FÜR LEHRERINNEN

Mit spitzer Feder, spitzem Stift

D er namentlich nicht bekannte Kontrahent ist überzeugt: Würde eine Frau als Lehrerin arbeiten, würde das die weibliche Natur verbiegen und Verschrobenheit und Verbitterung erzeugen: Die Kritik, die Doris Lütkens erntet, als sie zu Zeiten des Vormärz die Idee äußert, in Hamburg ein Lehrerinnenseminar zu gründen, geht noch weiter: Die beruflich ausgeübte erzieherische Tätigkeit habe „eine deformierende Wirkung auf die psychische Entwicklung der Frauen", sie würden dadurch für ihre eigentliche Bestimmung verdorben, also für die Ehe untauglich gemacht, zürnen die Kritiker. Dabei sind schon ausgesprochen viele Frauen als Erzieherinnen tätig – bietet der Beruf doch für die unverheirateten Damen der Bürgerschicht, die nicht von einem Ehemann versorgt werden, die Möglichkeit, ihren eigenen Unterhalt zu verdienen. Aber sie haben eben keine Ausbildung.

Die Hamburger Erziehungswissenschaftlerin Prof. Dr. Christine Mayer hat sich ausführlich mit der Idee und ihrer Initiatorin beschäftigt. Und sie sagt: „Für mich ist Doris Lütkens eine faszinierende Frau, die sich nicht durch Gegenwind abschrecken ließ und für ihre Überzeugungen kämpfte. Auch wenn es ihr am Ende nicht gelang, ihren ganz großen Traum zu verwirklichen: Der Wille zählt." Und der Weg ist immer das Ziel.

Dorothea Elisabeth Lütkens wird 1793 als ältestes von sechs Kindern in eine begüterte Familie hineingeboren. Ihr Vater ist der königlich dänische Etatrat Christoph Eberhard von Cossel, ihre Kindheit verbringt sie auf dem Adelsgut Jersbeck in Holstein, wo sie, zunächst bis sie elf ist, durch die Eltern, dann durch Gouvernante und Hofmeister, eine „sorgfältige, aristokratische Erziehung" genießt, in der auch und vor allem ihre künstlerischen Talente gefördert werden. Dorothea bleibt bis ins 25. Lebensjahr hinein bei ihren Eltern, dann verarmt die Familie, verkauft gezwungenermaßen das Gut und zieht fort.

„Für micht ist Doris Lütkens eine faszinierende Frau, die sich nicht durch Gegenwind abschrecken ließ und für ihre Überzeugungen kämpfte."

Dorothea, genannt Doris, ist nun „mit andern Mitgliedern der einst so hochgestellten Familie auf sich selbst angewiesen", wie der Pädagoge Wichard Lange (1826-1884) 1860 schreibt. „Mit welcher Beschäftigung sie zu dieser Zeit ihren Lebensunterhalt verdiente, ist nicht bekannt", sagt Christine Mayer. Als sie 41 Jahre alt ist, heiratet sie 1834 Hermann Siegmund Lütkens, den Schulvorsteher einer höheren Knabenschule, die dieser 20 Jahre zuvor gegründet hatte. Doch die Schülerzahlen gehen zurück, Lütkens muss die Schule schließen.

Nun sorgt Doris für den Lebensunterhalt, ihre Liebe zur Kunst hat sie nie aufgegeben, sie malt und verkauft Porträts. E. Zimmermann urteilt in seiner *Geschichte der Lithographie in Hamburg* von 1896: „Die Künstlerin gehört in der Hamburgischen Lithographie zu den fruchtbarsten und vielseitigsten Künstlern." Obendrein gibt sie Zeichenunterricht und bringt pädagogisch-künstlerische Schriften heraus, die sich mit aktuellen Bildungs- und Erziehungsfragen befassen – und ganz zentral auch mit der Bildung von Mädchen. Schon 1839 entsteht die Idee, eine höhere Töchterschule zu gründen, 1844 setzt sie den Plan in die Tat um.

Und sie hat noch weitere Ideen, die von einer einzigen Kernfrage ausgehen: Wie kann es sein, dass sich so viele Frauen als Lehrerinnen und Erzieherinnen verdingen, ohne selbst eine entsprechende Ausbildung genossen zu haben? Voller Tatendrang beschließt sie, diesen Zustand zu ändern – und hat dabei einerseits genau

> *„Lütkens' Bestrebungen, eine Ausbildungsstätte für Lehrerinnen zu gründen, fallen in die vorrevolutionäre Phase des Vormärz."*

die richtige Zeit erwischt, andererseits aber auch viele Gegner. „Lütkens' Bestrebungen, eine Ausbildungsstätte für Lehrerinnen zu gründen, fallen in die vorrevolutionäre Phase des Vormärz", ordnet die Bildungshistorikerin ein. „Durch die in den 40er-Jahren einsetzenden freiheitlich-demokratischen und religiösen Oppositionsbewegungen entstand eine Art von Aufbruchsstimmung. Im Rahmen von religiöser Reform und Demokratie entwickelte sich auch bei Frauen ein neues Selbstverständnis sowie das Bedürfnis, am öffentlichen Leben und an der gesellschaftlichen Entwicklung teilzunehmen." Hamburg habe sich zu einer Hochburg der Oppositionsbewegung entwickelt, da dort ab 1846 verschiedene Frauenvereine entstanden, die netzwerkartig organisiert gewesen seien und unterschiedliche Zwecke verfolgt hätten. Zielsetzungen des Frauenvereins zur Unterstützung deutschkatholischer Gemeinden und Förderung humaner Zwecke seien zum Beispiel „das Heranreifen der Frauen und Mädchen zu grösserer geistiger Selbständigkeit" und die „geistige und sittliche Hebung des weiblichen Geschlechts durch practische Heranbildung von Mädchen aus den unteren Ständen" gewesen, heißt es 1847 im Bericht des Vorstandes.

Das kann und soll durch Bildung gelingen, und da kommt Doris Lütkens Idee eines Lehrerinnenseminars natürlich gerade recht. Obendrein sind viele Frauen des bürgerlichen Milieus darauf angewiesen, ihren Lebensunterhalt als Lehrerinnen zu verdienen. Doris Lütkens stellt fest, „daß es noch immer fast gänzlich mangelt an *Bildungs-anstalten* für Lehrerinnen, deren doch stets so Viele in Schulen und Privathäusern angestellt sind". Für sie ist klar, dass ein für die Schüler optimales Ergebnis herauskommt, wenn Männer und Frauen zusammenarbeiten, sie von beiden erzogen werden. Sie ist aber auch überzeugt, dass Männer diese Aufgabe „nie ganz leisten" können. Für Doris Lütkens steht außerdem fest, dass eine Ausbildung zur Lehrerin in keinerlei Widerspruch steht zur „weiblichen Bestimmung". Denn die Erzieherin übertrage „[...] nur ihr Wirken hinüber auf eigenstes Gebiet, wenn sie sich verheiratet", und deswegen sei eine „vorher genossene Seminarbildung und einige Jahre Erzieherinnen-Laufbahn" nicht abträglich für eine spätere Ehe.

So sieht das Doris Lütkens. So sehen das aber bei Weitem nicht alle. Sie erntet für ihre Pläne und Überlegungen heftige Kritik. In den *Pädagogischen Mittheilungen* von 1846 findet sich ein Briefwechsel zwischen Lütkens und einem namentlich nicht bekannten Pädagogen. Für Christine Mayer „verdeutlicht er auf exemplarische Weise, welch massive Widerstände bestanden, die Ausbildungsbedingungen und damit auch die Lebensverhältnisse von Lehrerinnen zu verbessern". Sichtbar würden in dieser Auseinandersetzung aber auch die vorherrschenden Vorstellungen vom Verhältnis der Geschlechter, findet die Erziehungswissenschaftlerin. In der Tat: Lütkens' Gegner schreibt etwa: „Männer finden ihre *Lebensaufgabe*, ihren *Beruf* im Erziehen, wenn sie Talent dazu spüren. Beruf der Frauen ist und bleibt das Haus und der Heerd." Für Christine Mayer wird der eigentliche Grund der Ablehnung aber gegen Ende des Briefwechsels deutlich. Da verweist der Autor nämlich darauf, dass bei einer institutionalisierten Form der Ausbildung ein wichtiges Ideal der Mädchenerziehung verlorengehe, nämlich die Eigentümlichkeit der Mädchen, „sich von Menschen bestimmen zu lassen, nicht Andere bestimmen zu wollen".

Der Gegenwind ist also hart, und Doris Lütkens realisiert ihr Vorhaben zunächst auch nicht. Dabei wäre es so wichtig gewesen. Nicht zuletzt, weil es durchaus öffentliche Kritik an den von Frauen geleiteten Schulen gibt, eben weil diese keine Ausbildung genießen können: „Da diese Schulen in der Regel nur von Frauenzimmern geleitet werden, so ist an eine methodische Eintheilung und Leitung der Unterrichtsgegenstände nicht zu denken", heißt es zum Beispiel in der *Statistik und Topographie der Freien und Hansestadt Hamburg*. „Die Kritik an den Mädchenschulen wurde zwar häufig mit der mangelnden Ausbildung der Lehrerinnen in Verbindung gebracht, ohne dass

jedoch eine Abhilfe hierfür geschaffen worden wäre", bringt Christine Mayer es auf den Punkt. Sie ergänzt: „An der Hansestadt Hamburg lässt sich dieser Zusammenhang gut belegen. In dem vorwiegend privat organisierten Schulwesen unterrichteten um die Jahrhundertmitte sehr viele Lehrerinnen, eine Möglichkeit der Vorbereitung auf den Lehrberuf existierte jedoch nicht und stand auch nicht im Interesse der Lehrerschaft im Privatschulwesen." Doris Lütkens' Lehrerinnenausbildung wäre also eine aus-gesprochen wichtige Einrichtung gewesen. Aufgrund des starken Ge-genwinds sollte es aber noch eine ganze Weile dauern, bis sie sie realisiert – und dann auch nur in abgespeckter Form.

Prof. Dr. Christine Mayer hat sich ausführlich mit der Biografie von Doris Lütkens beschäftigt.

Zunächst unterstützt sie die Kindergartenidee Friedrich Fröbels (1782-1852), die auf dem Acker des Vormärz wunderbar keimen kann. „In der Tat hätte Fröbel die institutionelle Umsetzung seines Vorhabens nicht realisieren können, wenn sich nicht nach 1846 genügend Mädchen und Frauen bereitgefunden hätten, die Kindergartenidee voranzutreiben beziehungsweise sich zur Kindergärtnerin ausbilden zu lassen", stellt Christine Mayer fest.

Ob sich Doris Lütkens in den Hamburger Frauenvereinen, die sich nun in großer Zahl gründen, engagiert, ist nicht bekannt. Gesichert ist aber, dass sie als eine der ersten Hamburgerinnen die Fröbel'sche Idee gut findet, aufgreift und engagiert für sie wirbt. „Sie setzte sich energisch für die Verbreitung der neuen pädagogischen Institutionen ein und bekämpfte Fröbels Kritiker scharfsinnig mit der Feder", sagt die Erziehungswissenschaftlerin. Und nicht nur das: Die tatkräftige Frau macht Nägel mit Köpfen und gliedert 1848 ihrer höheren Töchterschule den ersten Kindergarten Hamburgs an. Seine Leiterin wird Allwine Middendorff, eine Großnichte Friedrich Fröbels.

„Sie setzte sich energisch für die Verbreitung der neuen pädagogischen Institutionen ein und bekämpfte Fröbels Kritiker scharfsinnig mit der Feder."

Doris Lütkens zählt zum engsten Freundeskreis Fröbels, sie ist es, die ihn überredet, sich ein halbes Jahr in der Hansestadt aufzuhalten und in dieser Zeit mehr als 20 Kindergärtnerinnen auszubilden. Die Folge: 1851 gibt es bereits acht Kindergärten, davon fünf private und drei städtische. „Von den pädagogischen Ideen Fröbels beeinflusst, verfolgte Doris Lütkens nun – ganz in seinem Sinne – das Ziel, eine Bildungsanstalt zu schaffen, in der die einzelnen Bildungsstufen Kindergarten, Schule, Seminar in einem Institut miteinander verbunden waren", erzählt Christine Mayer weiter. Oder, um es mit Doris Lütkens' Worten zu sagen: Sie hat „den Plan einen umfassenden Bildungsgang von der ersten Kindheit bis zur Vollendung im jungfräulichen Alter, bis zur Reife, zur Lehrerin und zum Mutterberuf in's Leben treten zu lassen".

Dem Plan folgen am 1. Mai 1848 Taten, als sie das „Institut Lütkens" eröffnet. Es umfasst einen Kindergarten für Mädchen und Jungen, eine vierklassige Schule für Mädchen im Alter von sechs bis 16 Jahren und eine Seminar-Klasse, die allen offensteht, sich aber hauptsächlich an Schülerinnen richtet, „welche sich zu Lehrerinnen ausbilden wollen". „Im Vergleich zu den früheren Vorstellungen Lütkens' fand die Lehrerinnenbildung jetzt in einem verkleinerten Rahmen statt; sie selbst sprach von einem kleinen Anfang, der sich mit dem ersten Plan nicht messen könne", schildert Christine Mayer. Immerhin, etwas Kleines hat Doris Lütkens am Ende also doch geschaffen. Etwas Kleines und doch so Großes.

Woran es liegt, dass der große Plan nicht aufgeht? Christine Mayer weist auf den oben bereits erwähnten Wichard Lange hin, der „Doris Lütkens als eine Frau mit kühnen Ideen und hohen Gedanken skizzierte, die sie vortrefflich zu explizieren wusste". Er habe ihr „eine merkwürdige Urtheilskraft, logische Schärfe und originelle Denkweise" bescheinigt, allerdings auch angemerkt, dass ihre Kraft und praktische Begabung zu ihren Ideen und Entschlüssen in keinem Verhältnis gestanden hätten. Sie sei groß in der Theorie, aber weniger tüchtig in der „Hinwegräumung materieller und anderer Hindernisse" gewesen. „Das vermittelt den Eindruck, als hätte Doris Lütkens ihren Plänen selbst im Weg gestanden und die mangelnde Umsetzung ihrer Ideen sei letztlich auf ihr praktisches Unvermögen zurückzuführen", sagt Christine Mayer nachdenklich. Sie glaubt jedoch: „Vor dem Hintergrund der schulpolitischen Verhältnisse im Hamburg der 1840er-Jahre und der geplanten Schulreform stellt sich allerdings die Frage, ob nicht auch diese Rahmenbedingungen zur Vereitelung des Lütkens'schen Plans beigetragen haben."

> *„Das vermittelt den Eindruck, als hätte Doris Lüttkens ihren Plänen selbst im Weg gestanden und die mangelnde Umsetzung ihrer Ideen sei letztlich auf ihr praktisches Unvermögen zurückzuführen."*

Erinnerungsort:

Doris Lütkens lebte und arbeitete am Alten Wandrahm 14. Hier standen in jener Zeit einige der reichsten Kaufmannshäuser der Stadt.

MIT EINEM BEIN IM GEFÄNGNIS

Für sexuelle Selbstbestimmung

Sie war die Gallionsfigur der Emanzipationsbewegung in Ottensen, die Ikone der proletarischen Arbeiterbewegung und sie war der Meinung, dass die Frau die Herrin über ihren eigenen Körper bleiben müsse. „Alma Wartenberg hat sich für die Rechte der Arbeiterinnen eingesetzt, Verhütungsmittel verkauft und stand mehr als einmal mit einem Fuß im Gefängnis", fasst Dr. Elisabeth von Dücker zusammen. Die Kunsthistorikerin hat sich gemeinsam mit der Frauengeschichtsgruppe des Stadtteilarchivs Ottensen 2005 erfolgreich dafür eingesetzt, dass ein Platz in Ottensen nach dieser streitbaren Frau benannt wurde.

Alma Wartenberg wird in Ottensen geboren und wächst mit ihren elf Geschwistern in „Mottenburg", dem ärmeren Teil Ottensens, als Kind einer Zigarrenmacherfamilie auf. Die politische Prägung wird ihr in die Wiege gelegt, die Familie ist traditionell sozialdemokratisch. Wie viele proletarische Frauen arbeitet sie als Dienstmädchen, dann heiratet sie den Schlosser Ferdinand Wartenberg. Vier Kinder haben sie gemeinsam.

„Politisch tritt sie in die Fußstapfen ihrer Mutter Maria Stähr", sagt von Dücker. „Alma Wartenberg hat bedeutend dazu beigetragen, die proletarische Frauenbewegung der SPD in Ottensen aufzubauen." In den Jahren 1902 bis 1906 wählen die SPD-Frauen im Wahlkreis Ottensen/Pinneberg Alma Wartenberg zur Vertrauensfrau. Sie ist viel für die Partei unterwegs, nimmt an Frauenkonferenzen und Parteitagen teil. Und sie ist streitbar. Innerhalb der SPD gerät sie immer wieder mit den führenden Funktionären aneinander. Der Grund: Die eigensinnige und willensstarke Alma sieht es gar nicht ein, die Interessen der Frauen denen der Partei unterzuordnen. „Ein Par-

Alma Wartenberg ermutigte andere Frauen zur sexuellen Selbstbestimmung.

teiausschlussverfahren gegen sie musste zwar eingestellt werden, aber als Vertrauensfrau wurde sie trotz Unterstützung ihrer Genossinnen abgesetzt", schreibt das Stadtteilarchiv Ottensen. Doch Alma Wartenberg lässt sich nicht unterkriegen: Denn nun macht sie sich für die Aufklärung der Frauen stark, insbesondere im Bereich Schwangerschaftsverhütung. „Die hohe Säuglingssterblichkeit, die weite Verbreitung der sogenannten ‚Frauenleiden' infolge der vielen Geburten und Fehlgeburten und auch der häufig praktizierten Abtreibungen sowie auch die erschreckende Unkenntnis der Arbeiterfrauen über körperliche und sexuelle Vorgänge hatten sie alarmiert. Sie forderte einen besseren Schutz der Mütter und der schwangeren Arbeiterinnen", ist der Veröffentlichung zu entnehmen.

Elisabeth von Dücker auf dem Alma-Wartenberg-Platz, dessen Benennung sie mit initiiert hat.

Schon in jungen Jahren sammelt sie als Dienstmädchen in einer Arztfamilie Erfahrungen, wie Elisabeth von Dücker herausgefunden hat. „Dort musste sie immer mal wieder in der Sprechstunde assistieren und kam dadurch früh mit frauenspezifischen Krankheiten in Berührung." Sie unternimmt Vortragsreisen durch das ganze Reich – und wird misstrauisch beäugt: „Wir befinden uns in der Kaiserzeit, da hat man ein völlig anderes Verständnis von sexueller Aufklärung und Mutterschaft", erläutert die Kunsthistorikerin. Die Justiz, die Beamtenärzteschaft und kirchliche Kreise im konservativen Kaiserreich sind wütend. Wegen „Vergehens gegen das sittliche Empfinden" steht sie sozusagen mit einem Bein im Gefängnis.

Alma lässt sich davon nicht aufhalten. Vor Hunderten Frauen spricht sie in ihren Abendveranstaltungen und bringt die Utensilien zur Schwangerschaftsverhütung auch gleich mit. Pessare ebenso wie „Mutterduschen", also Scheidenduschen, die man nach dem Geschlechtsakt anwenden könne, aufdass man eben nicht zur Mutter werde. All das ist in der Kaiserzeit nicht legal. Es ist verboten und steht unter Strafe. Als sie immer mehr ins Visier der Polizei gerät, vertreibt sie die Verhütungsmittel in ihrer Wohnung. „Hinter vorgehaltener Hand erzählte man sich das weiter", sagt von Dücker.

All das trägt natürlich nicht dazu bei, die Wogen, die sich gegen Alma Wartenberg aufgebaut haben, innerhalb der Partei zu glätten. Und dann erklärt sie auch noch kurz vor dem Ersten Weltkrieg, als die Gesetze gegen Verhütungsmittel und das Abtreibungsverbot verschärft werden sollen, dass alleine die Frau das Recht habe, über ihren Körper und die Zahl ihrer Geburten zu bestimmen, und unterstützt „Gebärstreiks" als Protest gegen den Geburtenzwang. Das trifft bei den Arbeiterfrauen auf Zustimmung, läuft aber der offiziellen Parteilinie entgegen. Immer höher schlagen die Wellen gegen Alma Wartenberg. Elisabeth von Dücker hat ein Zitat gefunden, in dem ein Reichstagsabgeordneter Alma Wartenberg „schlimmer als ein wildes Tier" nennt.

Dann beginnt der Krieg – die gesamtpolitische Lage lenkt von der Kämpferin um Frauenrechte ab, Alma Wartenberg engagiert sich in der Kriegsfürsorge, doch es ist eine harte Zeit für sie: Sie muss Hunger leiden und viele Entbehrungen hinnehmen. Die Nachricht, dass ihr ältester Sohn an der Front gefallen ist, trifft sie bis ins Mark. Doch sie ist weiterhin politisch aktiv. 1919 zieht sie als weibliche Abgeordnete der SPD in das Altonaer Stadtverordnetenkollegium ein, 1925 bis 1927 ist sie die einzige Frau im Schleswig-Holsteinischen Provinziallandtag. „Als Frauen das erste Mal überhaupt wählen und gewählt werden durften, war sie gleich vorne mit dabei", unterstreicht Elisabeth von Dücker. 1927 legt Alma Wartenberg dieses sowie auch alle anderen Ämtern nieder: Sie hat einen Schlaganfall erlitten, an dessen Folgen sie ein Jahr später stirbt. Die streitbare Frau ist nur 57 Jahre alt geworden.

....

Erinnerungsort:

In Ottensen gibt es seit 1997 einen Alma-Wartenberg Platz.

In Hamburg sagt man Tschüss
Bretter, die die Welt bedeuten

E ine *Grande Dame* des Schauspiels, eine Legende, ein Star, in Hamburg hoch verehrt: Heidi Kabel spielte und sang sich in die Herzen unzähliger Menschen. Ihr Leben lang stand sie auf der Bühne und vor der Kamera. Der NDR schreibt: „Sie gehörte zu Hamburg wie der Michel und die Elbe." Gästeführerin Christina Linger hat sie immer bei Auftritten bewundert. „Sie war eine unglaublich wache und beeindruckende Persönlichkeit – sie *war* das Ohnsorg-Theater", urteilt die Hamburgerin. 66 Jahre lang stand sie dort in mehr als 160 plattdeutschen Stücken auf der Bühne.

Heidi Bertha Auguste Kabel kommt praktischerweise direkt gegenüber ihrer späteren Wirkungsstätte, dem Ohnsorg-Theater, zur Welt. Als Tochter des Druckereibesitzers und Verlegers Ernst Kabel stammt sie aus gutem Hause. Ausgesprochen heimatverbunden, ist er einige Jahre lang Vorsitzender des Vereins geborener Hamburger. Ernst Kabel pflegt die niederdeutsche Sprache, die für seine Tochter Heidi später am Ohnsorg-Theater so wichtig ist, wo sie mit Mundartstücken berühmt wird. „Ihre Mutter war Hausfrau und streng, sie fand, dass Kinder nicht weinen sollten. Der Vater dagegen war lustig. Er meinte, sie müsse Konzertpianistin werden – und das war auch ihr Wunsch", sagt Christina Linger. Doch dafür hat Heidi, die sich später in die Herzen so vieler Hamburger singt, nicht genug Talent.

Stattdessen kommt sie, eher zufällig, zum Theater: „Ihre beste Freundin soll 1932 an der Niederdeutschen Bühne, dem späteren Ohnsorg-Theater, vorsprechen, ist aber vor Lampenfieber eingegangen. Also sprach Heidi anstelle der Freundin vor

Heidi Kabel ist ein wichtiger Teil Hamburgs. Hier bei einem ihrer Auftritte im Ohnsorg-Theater: „Kastanienboom" 1967-1968.

und begeisterte Theatergründer Richard Ohnsorg so sehr, dass er sie engagierte", erzählt die Gästeführerin den Anfang von Heidi Kabels Karriere. Heidi erhält im Ohnsorg-Theater ihre Ausbildung und debütiert 1933 mit *Ralves Carstens*.

Im Theater begegnet ihr auch die Liebe in Gestalt des 14 Jahre älteren Hans Mahler (1900-1970). So gern will sie ihn heiraten, Kinder mit ihm haben. Wenn man eine Familie gründen will, denkt sich die junge Schauspielerin, braucht man aber Geld für Möbel, eine Wohnung, eine Ausstattung. Als 1936 die Stelle des Intendanten am Lüneburger Theater ausgeschrieben ist, sieht sie das als große Chance an und nötigt ihren Freund, in die NSDAP einzutreten: Nur Parteimitglieder können sich bewerben. Das ist er nicht und das will er auch nicht werden. Doch Heidi gibt keine Ruhe. Für sie ist es eine reine Formsache. „Es wurden nun mal eben Parteimitglieder bei der Vergabe von Anstellungen bevorzugt. […] ich kam nur immer zu demselben Schluß, Mahler musste der NSDAP beitreten, um Intendant in Lüneburg zu werden. Nur wenn er den Posten bekäme, wäre unsere gemeinsame Zukunft gesichert."

Hans will die gemeinsame Zukunft ja auch, also gibt er schließlich nach und tritt 1936 der NSDAP bei. Aus Solidarität mit ihrem Verlobten tritt Heidi in die NS-Frauenschaft ein. „Für mich war dieser Beitritt zu einer NS-Organisation nichts weiter, als wenn ich irgendeinem Verein beigetreten wäre", schreibt sie später. Allein, den Beitritt hätten sich beide sparen können, denn Hans bekommt die Stelle als Intendant nicht. Da gibt es andere, die eine längere Mitgliedschaft in der NSDAP vorweisen können. Heidi treibt das um. Sie schreibt rückblickend: „Damals keimte in mir ein Gefühl, mich rechtfertigen zu müssen. Nachträglich wollte ich Mahler und mir beweisen, daß ich Recht hatte, ihn zu diesem Schritt gedrängt zu haben. Ich ertappte mich dabei, daß ich immer öfter den politischen Teil in der Zeitung las, mir die vorfabrizierte Meinung zu eigen machte und schönredete. […] Mahler wich jedem Gespräch mit mir über Politik aus […]. "

Und dann kommt der Punkt, an dem es nichts mehr schönzureden gibt. Es ist der 10. November 1938, Heidi Kabel ist auf dem Weg ins Theater. Da sieht sie Menschentrauben vor Läden, auf deren Schaufensterscheiben steht „Kauft nicht beim Juden". Im Theater liest sie

Zeitung. Liest von einem jungen Juden, der den deutschen Gesandtschaftsrat in Paris ermordet hat. Liest weiter, dass deshalb im ganzen Deutschen Reich Synagogen und jüdisches Eigentum angezündet und zerstört würden. „Ich wußte nun überhaupt nicht mehr, was ich noch glauben sollte", schreibt sie in ihren Memoiren. „Für mich war eine Regierung immer das Symbol für Gerechtigkeit und Ordnung gewesen, und ich konnte mir nicht vorstellen, daß derartige gewaltsame Zerstörungen mit staatlicher Duldung vor sich gegangen waren." Sie versucht sich einzureden, dass es bestimmt „wieder nur die SA gewesen" sei, „diese Truppe junger Raufbolde, die immer übers Ziel hinausschoß".

Als sie nach Hause kommt, spricht sie mit ihrem Mann darüber. Der ist ernst, sehr ernst, und berichtet ihr von Dingen, die nicht in der Zeitung stehen. Er erzählt seiner Frau von Lagern, in die Andersdenkende gesperrt werden, er sagt ihr, dass die Presse zensiert werde, „und hätte mir nicht all' das mein Mann erzählt, ich hätte es nicht geglaubt. In mir sperrte sich immer noch etwas. […] Millionen in unserem Land konnten sich doch nicht so sehr irren."

Es arbeitet in ihr. Sie grübelt und grübelt. Auch der Nichtangriffspakt zwischen Hitler und Stalin beschäftigt sie. Rückblickend schreibt sie darüber: „Über Nacht wurden aus unseren Erzfeinden, den bolschewistischen Untermenschen, unsere Freunde. […] Ich war erschüttert. Wie konnte ein deutscher Staatsmann, der uns allen immer wieder als höchste Tugenden Ehre, Glaube und Treue gepredigt hatte, über Nacht mit unseren Erzfeinden paktieren." Sie will mit ihrem Mann darüber sprechen, ganz einfach ist das nicht, immer wieder setzt sie an, immer wieder kommt sie ins Stocken, dann aber platzt es aus ihr heraus: „Hans, ich will raus aus dem Verein." Sie sagt ihm, dass sie mit diesen Leuten nichts mehr zu tun haben wolle. Dass deren Ziele nicht die ihren seien. Dass sie sich belogen fühle, dass sie keinen Krieg wolle, sondern doch nur in Ruhe und Frieden ihr Leben leben. Dass sie es satt habe, immer nur vor vollendete Tatsachen gestellt zu werden. Und dass sie ihre Meinung wenigstens sagen dürfen wolle. Durch ihren Austritt, erklärt sie ihm, wolle sie ihren Protest zum Ausdruck bringen. Sie fragt ihn, ob sie das denn dürfe, austreten. Hans antwortet leise und bedacht. Und auch seine Worte hält sie später in ihrem Buch *Manchmal war es nicht zum Lachen* fest: „Vielleicht hast du das Recht, deinen Austritt zu erklären, aber was dann kommen wird, hat mit dem Recht, das du zu haben glaubst, nicht mehr viel zu tun. Du wirst vielleicht für einige Zeit verschwinden, verhört werden, aber auf jeden Fall Arbeitsverbot bekommen, man wird uns die Existenzgrundlage nehmen […]. Man kann heute nicht mehr von diesem fahrenden Zug springen." Hans bleibt also in der NSDAP, Heidi in der NS-Frauenschaft. Der Krieg bricht aus, ihre Kinder werden geboren, das Leben nimmt seinen Lauf.

Es ist für Heidi Kabel nicht ganz einfach, sich in ihrer Doppelrolle zurechtzufinden. Nun gilt es, sich gleichzeitig um Kinder, Küche, Mann und Karriere zu kümmern. Und sie ist auch der Ansicht, dass ihr Mann überhaupt nicht anerkennt und wertschätzt, was sie zu Hause leistet. In ihren Erinnerungen schreibt sie über ihn: „Glaubte er wirklich, ich koche und schrubbe aus Zeitvertreib? Merkte er nicht, wie schwer es mir fiel, unseren winzigen Haushalt am Laufen zu halten? Heute weiß ich, daß Mahler keine Ausnahme war. Noch heute wissen die meisten Männer nicht, welche Anstrengungen es kostet, Hausarbeit zu verrichten."

Christina Linger hat sich zu der großen Schauspielerin gesellt.

Doch durch den Tod seiner Mutter, „der ihn sehr getroffen hatte", wie Rita Bake und Cornelia Göksu in einem Aufsatz über Heidi Kabel berichten, habe er sich komplett verändert. Er „vergrub sich noch mehr in seine Bücher, in seine Rollen", wie Heidi Kabel schreibt, aber er beschäftigte sich immer mehr mit seinem Sohn. „Plötzlich wurde er ein besorgter Familienvater. Er half mir mit im Haushalt, ohne daß ich ihn dazu auffordern musste, und es machte ihm nichts mehr aus, wenn ich nach der Theatervorstellung noch tingeln musste, Jan (den Sohn) von meinen Eltern abzuholen und ihn im Kinderwagen in die Steinstraße (die dortige Wohnung) zu schieben, ihn sauber zu machen und ins Bett zu bringen."

Nach dem Krieg werden sie beide aufgrund ebenjener Mitgliedschaften suspendiert, das ist Mitte Juli 1945. Als Heidi Kabel am Theater ankommt – Proben stehen auf dem Plan – bemerkt sie Dr. Ohnsorg, den Leiter des Theaters, der sie offenbar bereits erwartet. Er sagt: „Kinners, es tut mir furchtbar leid, aber ihr könnt nicht proben, die Kollegen haben sich geweigert, sie wollen nicht mehr mit euch auf der Bühne stehen." Heidi ist entsetzt.

Sie kann es nicht glauben. Vor allem trifft sie die Tatsache, dass es die Kollegen sind, die sie nicht mehr wollen. Wo sie doch 13 Jahre Seite an Seite mit ihnen auf den Brettern gestanden hat, die die Welt bedeuten. Für sie alle. Die sie so gut zu kennen glaubt. Von denen sie dachte, sie wüsste, was sie fühlen, ebenso wie sie, Heidi, ihnen das doch immer gezeigt hat. „Oder es nur zu wissen glaubten? Denn wie sonst konnte sich die Mehrzahl von ihnen weigern, mit uns auf der Bühne zu stehen. Wir waren ja nicht die beiden einzigen Parteimitglieder des Ensembles gewesen, und wie oft hatten wir mit allen darüber gesprochen."

Auch ein schlechtes Gewissen, weil sie ihren Gatten einst überredete, wird aus ihren Zeilen deutlich: „Ich war ja diejenige gewesen, die mit allen mir zur Verfügung stehenden Mitteln meinen Mann überredet hatte, 1936 in die NSDAP einzutreten. Gegen seine Überzeugung. Mir zuliebe." Aber, grübelt Heidi weiter, auch das hätten die Kollegen doch gewusst – und auch, *warum* sie ihn überredet hatte. Sie ist überzeugt, dass es noch andere Gründe für die Suspendierungsforderung geben müsse. Neid muss es sein, irgendjemandem, glaubt sie, stehen sie im Weg, irgendjemandem gereicht es zum Vorteil, „wenn wir ausgeschaltet waren". Aber wem? „Da fielen mir dann etliche ein, auch Parteimitglieder wie wir, Kollegen, die wir für Freunde gehalten hatten, die es vielleicht sogar waren, bis zu diesem Tag, als sie die Gelegenheit nutzten, ihren Vorteil zu unseren Lasten wahrzunehmen."

Cornelia Göksu und Rita Bake haben im Hamburger Staatsarchiv eine Kopie eines Schreibens vom Richard-Ohnsorg-Theater ausfindig gemacht, aus dem deutlich wird, wer die Entscheidung traf, dass Heidi Kabel und Hans Mahler Auftrittsverbot bekamen. An dem Treffen des

Entnazifizierungs-Komitees unter dem Vorsitz von Captain Davies und dem Beisitz von John Olden, seines Zeichens britischer Theateroffizier und späterer Ehemann der Schauspielerin Inge Meysel, nahmen für die Deutsche Schauspieler-Vereinigung Ida Ehre (siehe ab Seite 145) und Cecil Goericke teil. Und für die Niederdeutsche Bühne saßen die „Herr(e)n Beiswanger und […] Streblow" mit am Tisch. In dem Schreiben heißt es: „In der Versammlung wurden alle Fälle individuell behandelt und Captain Davies fällte folgende Entscheidung: Magda Bäumken-Bullerdiek, Heidi Mahler-Kabel, Otto Lüthje und Hans Mahler werden für 12 Monate suspendiert", danach werde eine neue Diskussion stattfinden. „Irmgard Deppisch-Harder und Christina Hansen dürfen spielen."

Die Suspendierung trifft Heidi Kabel hart, nun geht es ums bloße Überleben, die Familie muss irgendwie satt werden. Sie begibt sich mit dem Schifferklavier auf Tournee und singt Seemannslieder. Und während sie so durch die Lande tourt, geht ihr ein Gedanke nicht aus dem Kopf: Warum erhalten sie und ihr Mann das Auftrittsverbot nicht schriftlich? Außer der Aussage des Direktors haben sie nichts bekommen! Das Ehepaar Kabel sucht den zuständigen Besatzungsoffizier auf, der ihnen freundlich lächelnd mitteilt, dass mitnichten eine Auftrittssperre verhängt worden sei. Sie könnten sofort wieder in die Große Bleichen ins Theater gehen und weiterarbeiten. „Sie können mir glauben, es liegt nichts gegen Sie vor." Die verwunderte Heidi Kabel fürchtet, dass man ihr am Theater nicht glauben werde, bittet den Offizier, ihr einen Brief oder einen Zettel mit einer Bestätigung auszustellen. Seine Antwort: „Sie müssen wissen, ich kann kein Berufsverbot aufheben, das gar nicht bestanden hat."

Beide kehren also zurück, dürfen wieder spielen und bleiben dem Ohnsorg-Theater sozusagen lebenslang verbunden: Auch ihre Tochter Heidi Mahler macht dort später Karriere, Hans Mahler wird 1949 Leiter des Theaters und kann als solcher auch großen Einfluss auf die Rollen seiner Frau nehmen, die über 66 Jahre lang der Bühne treu bleibt. „Die Volksschauspielerin wurde zum Markenzeichen des guten, tapferen Nachkriegsdeutschlands – Trümmerfrau im Wirtschaftswunder", schreiben Rita Bake und Cornelia Göksu. Und weiter: „Geprägt hat die markante Stimme Heidi Kabels auch zahllose Hörspiele und den Schulfunk des N(W)DR seit den 1950er-Jahren." 75 Jahre lang steht sie außerdem als Filmschauspielerin vor der Kamera.

Christina Linger sagt: „Heidi Kabel war ein Markenzeichen für Hamburg. Und sie war immer ausgesprochen gradlinig und diszipliniert. Als ihr Mann im Jahr 1970 einen Herzinfarkt hatte, an dem er später starb, hat sie das in der Pause erfahren und das Stück zu Ende gespielt." Beeindruckt hat die Gästeführerin auch Heidi Kabels großes soziales Engagement. Die Aktivitäten reichen von einer Geldsammlung für die Aktion Sorgenkind über den Einsatz für eine Familie, der die Abschiebung drohte, bis hin zu der Unterstützung von Hamburger Obdachlosenprojekten.

> *„Heidi Kabel war ein Markenzeichen für Hamburg. Und sie war immer ausgesprochen gradlinig und diszipliniert. "*

Erst im Alter von 84 Jahren nimmt sie an Silvester 1998 ihren Abschied. Eine Legende, die die Bühne verlässt. Fünf Jahre später, 2003, geht es mit ihrer Gesundheit bergab, und nach intensiver Beratung mit ihrer Familie zieht sie in eine Seniorenresidenz in Hamburg-Othmarschen. Trotz allem: 92-jährig steht sie noch einmal in dem Film *Hände weg von Mississippi* vor der Kamera – an der Seite ihrer Tochter Heidi Mahler. Heidi Kabel, die nicht nur als Schauspielerin, sondern auch als Sängerin bekannt wurde, stirbt am 15. Juni 2010. Wie sie einst sang: „In Hamburg sagt man Tschühüß."

....

Erinnerungsorte:

Heidi Kabel wurde im Haus Große Bleichen Nr. 30 geboren. Eine weitere Wohnadresse war die Langelohstraße 8. Seit September 2011 steht auf dem Hachmannplatz das von der Künstlerin Inka Uzoma geschaffene Heidi-Kabel-Denkmal, eine lebensgroße Bronzefigur. Ein Teil des Platzes vor dem Ohnsorg-Theater heißt seitdem Heidi-Kabel-Platz, das Ohnsorg-Theater steht damit am Heidi-Kabel-Platz 1. Ihr Grabstein befindet sich auf dem Nienstedtener Friedhof.

Die Kraft der Verzweiflung

„Zurück ist es nur ein Schritt"

Aus diesem Hinterhof wollte Inge Stolten immer raus. Dabei wirkt er heute recht hübsch, wer hier lebt, hat es sicherlich nicht schlecht. „Doch als die kleine Inge hier wohnte, war das noch ganz anders", sagt Karla Fischer, 2. Vorsitzende der Geschichtswerkstatt St. Pauli Hamburg, und deutet auf die Fassade. „Damals war hier noch nichts schön saniert. Und für Inge war es der Ort ihrer traurigen Kindheit, in der sie sich immer für die Armut schämte, in der sie leben musste."

Dabei war Inge Stoltens Großonkel Johannes Ernst Otto Stolten (1853-1928) ein berühmter Mann, der erste SPD-Bürgermeister Hamburgs. Doch als sie mit den anderen Kindern aus ihrer Klasse vor einem Bild, das ihren Vorfahren zeigt, im Hamburger Rathaus steht, traut sie sich nicht zu sagen, dass sie mit ihm verwandt ist. Vielleicht, weil sie fürchtet, dass die anderen Kinder sie hänseln würden, die arme Tochter eines Mannes, der unter Multipler Sklerose leidet, und einer Mutter, die sich als Putzfrau etwas dazuverdient. Dass sie fragen, wie es sein kann, dass man ein solches Leben lebt, wenn der Großonkel doch dermaßen bedeutend war. Sie schämt sich so sehr für ihr ärmliches Zuhause, jemanden einzuladen wagt sie nicht.

Ja, ihre Kindheit ist schwer belastet. Zur Mutter findet sie keinen Zugang, zum Vater, einem allseits gebildeten Mann, der auch auf ihre Bildung viel Wert legt, schon. Aber dann, sie ist gerade zehn Jahre alt, muss sie mit anhören, wie ihr Vater ihre Mutter darum bittet, ihm Sterbehilfe zu leisten – eine Szene, die sie später in ihren autobiografischen Werken *Das alltägliche Exil* und *Nicht aus gutem Hause* verarbeiten wird. Die kleine Inge bekommt mit, wie die Mutter sich weigert. Den Vater wird das nicht retten, er begeht 1931 Selbstmord. Nun ist Inge allein

Inge Stolten musste ihre Karriere als Schauspielerin aus gesundheitlichen Gründen aufgeben. Doch dann kam sie zum Schreiben.

mit der Mutter und ihrem kleineren Bruder. Gelähmt vor Trauer und zugleich getrieben von dem Wunsch, herauszukommen aus diesem Hinterhof.

Der Halbwaisen ist klar, was sie nicht will: weiter hier leben. Und ebenso wenig will sie die Nationalsozialisten akzeptieren, die zwei Jahre nach dem Tod ihres Vaters die Macht ergreifen. Und sie weiß auch, dass sie nicht werden will wie ihre Mutter. Sie schreibt: „[…] denn ich wollte […] nicht schuften wie sie, nicht morgens vor fünf Uhr das Haus verlassen müssen, um Kontore zu putzen, um anderer Leute Dreck wegzumachen." Ihr ist bewusst, dass sie nichts hat – und doch so viel: ihre Intelligenz und ihr Durchsetzungsvermögen. Ihr Vertrauen in sich selbst ist groß, sie weiß, dass sie klug ist: „Täglich erlebte ich es in der Schule, daß Besitz und Geist einander nicht bedingen."

„Das ist es, was mich an ihr fasziniert", sagt Karla Fischer. „Sie hatte von klein auf immer eine politische Haltung, und die hat sie nie abgelegt." Dennoch meldet sie sich 1939, nach dem Abitur, zum Reichsarbeitsdienst. „Der einzige Grund: Sie wollte Lehrerin werden und sich damit ihr Studium finanzieren", erklärt die Hamburgerin. Doch Inge Stolten kann den Mund nicht halten. Sie sagt, was sie denkt, und das, was sie denkt, ist so ganz und gar nicht konform mit der Haltung der Nationalsozialisten. Sie wird in die Festung Dömitz strafversetzt und schließlich im Dezember 1939 als „politisch unzuverlässig" entlassen. „Das bedeutete aber auch das Ende für ihren Traum, Lehrerin zu

„Das bedeutete aber auch das Ende für ihren Traum, Lehrerin zu werden."

werden", ordnet Karla Fischer ein. „Denn es gab einen entsprechenden Vermerk in ihren Papieren, zum Studium wurde sie nun nicht mehr zugelassen."

Doch die junge Hamburgerin fasst schnell einen neuen Plan: Schauspielerin will sie jetzt werden, und dieser Traum wird wahr. Sie macht ab 1940 eine Ausbildung am Hamburger Schauspielhaus, wo sie 1942 auch ein Engagement erhält, dann reist sie an die Front, um vor den Soldaten zu spielen. In jener Zeit kommt sie in Kontakt mit einer Gruppierung, die später als die Weiße Rose Hamburgs bekannt wird. Mit einzelnen Mitgliedern lebt sie zeitweise im Keller einer Hamburger Villa. Die Weiße Rose Hamburg bezeichnet eine Gruppe von mehreren

Freundes- und Familienkreisen, die in Opposition zum Nationalsozialismus stehen und sich gegen das NS-Regime einsetzen. Ungefähr 30 werden von den Nationalsozialisten in Gefängnisse oder Konzentrationslager gesteckt, acht ermordet.

Inge Stolten arbeitet weiter als Schauspielerin, bis auf Anordnung von Reichspropagandaleiter Joseph Goebbels (1897-1945) alle Theater geschlossen werden. Nun muss sie eine Ausbildung zur Flakhelferin absolvieren und wird in eine Kaserne abkommandiert. „Aber sie war nicht umsonst Schauspielerin", erzählt Karla Fischer weiter, „sie täuschte immer wieder Schwächeanfälle vor, weshalb sie schließlich aus dem Dienst entlassen wurde."

In Hamburg taucht sie in einer Jagdhütte unter, erst kurz vor der bedingungslosen Kapitulation kehrt sie in die Hansestadt zurück. Ihr Vorteil: Sie hat die Zeit dazu genutzt, ihr Englisch aufzubessern, und plant nun, für die britischen Besatzer als

> *„Aber sie war nicht umsonst Schauspielerin, sie täuschte immer wieder Schwächeanfälle vor, weshalb sie schließlich aus dem Dienst entlassen wurde."*

Dolmetscherin zu arbeiten. Der Plan geht auf: „Sie lebte dann ja wieder in Hamburg, und als die Engländer in ihr Haus kamen und riefen, ‚Wer kann Englisch?', meldete sie sich. Sie ist bei den Engländern hängengeblieben und hat eine Weile lang für sie gearbeitet", sagt Karla Fischer. Auch ihre Karriere als Schauspielerin geht weiter: auf der Bühne, als Sprecherin und mit kleineren Filmrollen. 1954 lernt sie den Schriftsteller Axel Eggebrecht (1899-1991), der 22 Jahre älter ist als sie, kennen, die beiden werden ein Paar. Dann, erst 35 Jahre alt und mitten in den Verhandlungen für ein festes Engagement als Schauspielerin, erkrankt sie schwer an offener Tuberkulose.

In ihrem autobiografischen Werk *Das Tagebuch der Jutta S.* kann man gut nachvollziehen, wie es der jungen Frau mit der Diagnose geht: Hier erzählt Inge Stolten aus Sicht der Schauspielerin Jutta Satorius von deren Erkrankung: Jutta – Inge – gerät in Panik. Tuberkulose, das ist doch eine Armeleutekrankheit, Tuberkulose, das könnte ein Berufsverbot bedeuten. Eine Rückkehr in den Hinterhof. Und obendrein war ja auch ihr Vater so schwer krank gewesen. „Es war ein weiter Weg aus dem Hinterhof heraus. Zurück ist es nur ein Schritt", schreibt sie.

Inge lässt sich in ein Lungensanatorium einweisen, nach acht Monaten wird sie zwar entlassen, mit der Karriere als Schauspielerin ist es aber vorbei – zu groß wäre die Belastung für die Lunge gewesen. Doch das macht ihr nichts mehr aus, sie hat zu schreiben begonnen. „Die Krankheit erweist sich als Glücksfall. Aus dem Sanatorium werde ich als ‚berufsunfähig' entlassen, um irgendetwas zu tun, fange ich an zu schreiben, und bin selbst völlig überrascht, daß ich es kann. Ich habe einen neuen Beruf."

Und in dem wird sie erfolgreich sein. Sie arbeitet als Journalistin für Radio und Fernsehen, schreibt Romane und Sachbücher. Besonders stark widmet sie sich dabei auch der Aufarbeitung der NS-Geschichte, wundert sich darüber, dass Hitler es verstand, derartige Massen zu bewegen, und was „vor aller Augen" geschah. Und sie kritisiert, was nach dem Krieg passierte: „Die Vergangenheit deckte bald ein bunter Wohlstandsteppich zu, auf dem sich auch Schuldige unbefangen bewegten."

Karla Fischer in dem Hof, dem Inge Stolten unbedingt entkommen wollte.

Inge Stolten arbeitet nach und nach alles auf. Auch das Thema Sterbehilfe, mit dem sie als ganz junges Mädchen konfrontiert war: 1970 und 1980 bearbeitet sie für den NDR zwei große Radiosendungen, in denen sie für eine Enttabuisierung plädiert. Und am Ende wird sie noch Politikerin – genauer gesagt, nach dem Mauerfall: 1990 tritt sie in die SED-Nachfolgepartei PDS ein und begründet das so: „Ich war noch nie in einer Partei. Aber dieses Überrollen der DDR hat mich dazu veranlaßt, politisch aktiv zu werden [...]. Ich habe einfach Angst und Sorge, daß wir hier wieder ein neues Großdeutschland bekommen."

Wieder blickt Karla Fischer nachdenklich zu der Fassade des Hauses hinauf, in dem Inge Stolten aufwuchs. „Dem Hinterhof ist sie entkommen", sagt sie, „durch Fleiß und Durchsetzungsvermögen."

Doch Inge Stolten ist viel mehr gelungen als das: Sie ist nicht nur geflohen, sondern sie ist mit ihrem schriftstellerischen Werk auch mutig zurückgekehrt, hat jeden einzelnen

> *„Dem Hinterhof ist sie entkommen durch Fleiß und Durchsetzungsvermögen."*

Punkt ihres Lebens reflektiert, auch und gerade die schmerzhaften. Vor allem damit ist es ihr geglückt, sich aus Ängsten und Schranken zu befreien. Und wahrhaft frei zu werden.

....

Erinnerungsorte:

Inge Stoltens einstiges Wohnhaus steht in der Koppel 50.
Ein Erinnerungsstein (Erinnerungsspirale) befindet sich im Garten der Frauen auf dem Friedhof Ohlsdorf.

VIELLEICHT EIN STÜCK HEIMAT

Etwas Preußen in der Hansestadt

Es ist ein eisiger Wintermorgen Ende der 1990er-Jahre, als es bei den Dimigens in Blankenese an der Haustür klopft. Peter Dimigen eilt zur Tür und öffnet. Vor ihm steht die Haushälterin seiner Nachbarin, der Gräfin Dönhoff. Deren Hund sei soeben gestorben, teilt die Frau aufgeregt mit. Und ob Peter Dimigen denn dabei helfen könnte, ihn im Garten zu begraben. Dimigen nickt bedächtig, zieht sich eine Jacke über, schlüpft in seine Stiefel und geht mit der Haushälterin durch den Garten zum Nachbarhaus, wo „die Gräfin" wohnt. Er ist es gewohnt, von ihr immer wieder zu verschiedenen Arbeiten hinzugerufen zu werden. Und heute begräbt er also zusammen mit der Gräfin ihren Hund in der hartgefrorenen Erde.

„Das war etwas ganz Selbstverständliches. Mein Großvater hat erzählt, dass sie ihr gutsherrliches Verhalten nie so ganz abgelegt hat und es auf charmante Weise verstand, die Nachbarn um Hilfe zu bitten", erzählt Elisabeth Dimigen. Sie geht ins Gymnasium und lebt mit ihren Eltern in dem Haus, das Marion Gräfin Dönhoff einst gehörte, dem Nachbarhaus ihrer Großeltern. In ihrem Zimmer steht eine Kommode von Dönhoffs Haushälterin, im Eingangsbereich sind noch die alten Fliesen verlegt, über die die Dönhoff immer schritt. Die einstige Besitzerin ist in dem Gebäude omnipräsent. „Und wenn im Haus etwas Seltsames passiert, dann sagen wir, das ist der Geist der Gräfin", schmunzelt die Gymnasiastin. „Die Dönhoff" hat sie folglich immer begleitet – und auch fasziniert. Mit dieser Faszination steckte sie ihre Freunde an – auch Franziska Landgrebe. Gemeinsam haben die Gymnasiasten einen umfassenden und hervorragend recherchierten Aufsatz über Marion Gräfin Dönhoff verfasst. Elisabeth Dimigen sagt: „Ich habe

*Marion Gräfin Dönhoff brachte ihren preußischen Wertekanon
aus Ostpreußen mit in die Hansestadt Hamburg.*

hier auf dem Sofa Marion Gräfin Dönhoffs Buch *Kindheit in Ostpreußen* gelesen – das hat sie im gleichen Raum, in dem ich es las, geschrieben. Ich finde das sehr berührend."

In ebenjener Kindheit auf Schloss Friedrichstein muss die junge Marion Gräfin Dönhoff auch sehr schmerzhafte Momente erleben: Ihr Vater, der Diplomat und Politiker August Graf Dönhoff (1845-1920), stirbt, als sie gerade einmal zehn Jahre alt ist. Der Mutter, Maria Gräfin Dönhoff, geborene von Lepel (1869-1940), eine Hofdame der letzten Kaiserin Auguste Victoria, obliegt es nun, ihre Kinder aufzuziehen, unterstützt von zahlreichem Personal, versteht sich. Der nächste Schicksalsschlag ereignet sich 1924: ein Unfall, den Marion zwar überlebt, bei dem aber zwei andere Insassen des Wagens, darunter ihre Kusine, sterben. Damit das junge Mädchen den Ort des Dramas nicht mehr vor Augen haben muss, schickt man sie auf ein Pensionat in Berlin, in dem sie rebelliert, weil sie sich ganz und gar nicht wohlfühlt. Zwei Jahre muss sie dort aushalten, dann erlaubt man ihr, nach Potsdam zu wechseln. Hier legt sie 1929 das Abitur ab.

Nun entdeckt die junge Gräfin ihre Leidenschaft für das Reisen: Sie macht eine Rundreise durch die USA, geht mit ihrem Bruder Christoph in Nairobi auf Safari. Dann, im Sommer 1931, kehrt sie zurück und nimmt ihr Studium der Volkswirtschaftslehre auf. Erst in Königsberg, dann in Frankfurt am Main. Hier erhält sie, weil sie mit den Linken sympathisiert, schnell den Spitznamen „Rote Gräfin".

Als die Nazis die Macht ergreifen, verlässt Marion Gräfin Dönhoff Deutschland und studiert fortan an der Universität Basel, wo sie auch

Elisabeth Dimigen (links) und Franziska Landgrebe (rechts) haben mit ihren Freunden Lando Derouaux und Anna Schomberg ein umfassendes Werk über Marion Gräfin Dönhoff geschrieben. Hier sitzen sie im Garten des einstigen Dönhoff-Hauses.

promoviert. Und sie reist wieder: nach Polen, auf den Balkan, nach Albanien und Italien, nach Großbritannien, Frankreich, in die Schweiz, nach Moskau, sogar nach Persien.

1939 kehrt sie nach Deutschland zurück, um das ostpreußische Familiengut Quittainen zu verwalten. In jenen Jahren hat sie engen Kontakt zu den Mitgliedern des Kreisauer Kreises und ist indirekt auch an den Vorbereitungen für den Putschversuch vom 20. Juli 1944 gegen Adolf Hitler beteiligt. Ende Januar 1945 flieht sie mit einem Treck der Gutsbewohner aus Quittainen vor der vorrückenden Roten Armee in das elf Kilometer entfernte Preußisch Holland. Die meisten halten nicht durch: Ihre Gefährten sind verzweifelt, mutlos und durchgefroren. Marion reitet allein weiter, nur ein junger Mann folgt ihr durch die klirrende Kälte. Sieben Wochen lang dauert ihre Flucht, 1.200 Kilometer legt sie zurück. Sie hat alles verloren: das gesellschaftliche Umfeld, in dem sie aufwuchs, die Gutsherrschaft, die Landschaft, die Beziehungen.

Ein Jahr später ist sie bei den Nürnberger Prozessen anwesend. Sie schreibt darüber – und erregt damit in Hamburg Aufmerksamkeit: Die Gründer der *ZEIT*, die soeben von der Britischen Besatzungsmacht die Lizenz erhalten haben, eine Zeitung zu machen, lesen ihren Text. Man lädt sie ein, die Dönhoff sagt zu, beginnt zu schreiben, macht Karriere: 1955 wird sie Leiterin des Politikressorts, 1968 Chefredakteurin, ab 1972 Herausgeberin.

Hamburg also. Wird die Stadt ihr Heimat werden? „Das ist eine schwierige Frage", sagt Franziska Landgrebe nachdenklich. „Die ostpreußische Weite bedeutete ihr viel, sie sagte aber, dass die Sülldorfer Feldmark und auch der Klövensteen sie immerhin ein bisschen an die ostpreußische Landschaft erinnern."

Doch sie hat Sehnsucht nach Ostpreußen, das ohne jede Frage – und der Verlust

„Die ostpreußische Weite bedeutete ihr viel, sie sagte aber, dass die Sülldorfer Feldmark und auch der Klövensteen sie immerhin ein bisschen an die ostpreußische Landschaft erinnern."

schmerzt, auch nach Jahren noch. Als Bundeskanzler Willy Brandt (1913-1992) sie 1970 einlädt, ihn mit Günter Grass (1927-2015), Siegfried Lenz (1926-2014) und Henri Nannen (1913-1996) zur Unterzeichnung des Warschauer Vertrags zu begleiten, sagt sie ab. Sie will nicht dabei sein, wenn der Verlust ihrer geliebten Heimat besiegelt wird, und schreibt: „[…] ein Glas auf den Abschluß des Vertrages zu trinken, das erschien mir plötzlich mehr, als man ertragen kann." Es wird bis ins Jahr 1989 dauern, dass sie den Ort ihrer Kindheit wieder besucht. „Ihr vielleicht berühmtester Satz ist ja, dass es der höchste Grad der Liebe ist, zu lieben, ohne zu besitzen", sagt Franziska Landgrebe. „Irgendwann hat sie anerkannt, dass die Abtretung der Ostgebiete nötig ist für den Frieden."

Heimat findet die Gräfin, wie sie sagt, in ihrer Arbeit für *Die Zeit*. Sie führt das Blatt wie einen Gutshof mit viel Autorität, aber nicht herrisch. „Sie selbst hat einmal gesagt: Macht darf man nicht sehen, sonst verliert sie ihre Wirkung", verdeutlicht Franziska Landgrebe Dönhoffs Haltung. Und Heimat findet sie auch in ihrem kleinen Haus am Blankeneser Pumpenkamp in der Nachbarschaft von Elisabeth Dimigens Großeltern. Zunächst wohnt sie dort zur Miete, 1973 schenkt ihr der Verleger Gerd Bucerius (1906-1995) das Häuschen. Sie schreibt ihm gerührt: „Buc, ich wünschte, ich wäre imstande zu artikulieren, was ich empfinde, und Ihnen zu sagen, wie glücklich ich bin – aber das geht über mein Vermögen. Vielleicht ahnen Sie am ehesten, was mich bewegt, wenn ich sage, dass Sie mir ein Stück Heimat gegeben haben, obgleich ich doch dachte, daß es diesen Begriff für mich nie mehr geben würde. Ich danke Ihnen und umarme Sie. Marion."

Das Haus ist recht bescheiden und nicht in allerbestem Zustand. Immer wieder wird Peter Dimigen gebeten, etwas zu reparieren. „Die Haushälterin war, außer schönen Autos, der einzige Luxus, den sie sich gönnte", sagt Elisabeth Dimigen. „Die Haushälterin hat im Keller gewohnt und sie oben, was auch das Oben und Unten der Machtverhältnisse widerspiegelte." Das Verhältnis zur Haushälterin ist herzlich, kameradschaftlich und respektvoll. „Die Essenszeiten wurden zum Beispiel danach ausgerichtet, wann Frau Ellermanns Lieblingsfernsehserie lief, und die Gäste wurden dazu angehalten, Frau Ellermann

> *„Sie selbst hat einmal gesagt: Macht darf man nicht sehen, sonst verliert sie ihre Wirkung."*

immer zu loben", erzählt Landgrebe. Das gilt auch für die Besucher ihrer Neuen Mittwochsgesellschaft, eines Kreises hochrangiger Vertreter aus Wirtschaft, Kultur und Politik, an dem Persönlichkeiten wie Helmut Schmidt (1918-2015) und Richard von Weizsäcker (1920-2015) teilnehmen. „Ihr Verhältnis zu ihrer Haushälterin könnte man auf den ostpreußischen Wertekanon beziehen, den sie nie ablegte", sagt Franziska Landgrebe. Im Gespräch mit ihrem Biografen Gunter Hofmann sei ihr das ganz deutlich geworden: „Sie kam mit einer ganz bestimmten Wertevorstellung, mit einem preußischen Wertekanon, nach Hamburg, den sie für sich in der Geschichte Preußens bis 1871 ergründet hat. Für sie war es das ‚positive Ethos' des preußischen Staates, das ehrbare, pflichttreue und schlichte Preußentum. Sie selbst war argumentierend und trotzdem prinzipientreu, eine Person mit viel Haltung, ehrlich, interessiert, weltoffen. Sie besaß eine natürliche Autorität, war konziliant, klug, schlicht, vernünftig."

Marion Gräfin Dönhoff hat die Werte, die auch ihre Kindheit prägten, als Konstante in ihr neues Leben in Hamburg mitgenommen. In das kleine Haus am Pumpenkamp, in dem sie ein Stück neue Heimat fand.

....

Erinnerungsorte:

Das ehemalige Wohnhaus von Marion Gräfin Dönhoff steht am Pumpenkamp 4 in Blankenese. Ein Gymnasium in den Willhöden 74 trägt ihren Namen. Eine neue Fußgängerbrücke, die den Alten Wall mit den Alsterarkaden verbindet, ist nach ihr benannt.

FÖRDERIN EINES GENIES

„Ich hatte es in dem Hause sehr Sauer"

1830 ereignet sich in der heute nicht mehr existierenden Ulricusstraße 37 eine so ungewöhnliche wie folgenschwere Romanze: Eine 40-jährige Frau verliebt sich in einen 23-jährigen Mann. Sie ist Näherin, leicht gehbehindert und gewohnt, hart zu arbeiten, er ist Musiker. Später werden die beiden einen Sohn haben, der die Welt mit seiner Musik in Entzücken versetzt: Johannes Brahms (1833-1897). Und zu diesem Sohn forscht heute Prof. Gudrun Jalass, stellvertretende Leiterin des Brahms-Museums. Auch mit Brahms' Mutter Christiane, ebenjener leicht gehbehinderten Näherin, hat sie sich befasst, und sie sagt: „Ich finde es beeindruckend, wie genau sie das große Talent ihres Sohnes erkannte und ihn trotz widrigster Umstände förderte."

Johanna Henrika Christiane Nissen, von allen mit dem dritten Namen gerufen, entstammt einer Familie von Lehrern und Pastoren und gehört mütterlicherseits zum verarmten Landadel. Sie wächst gemeinsam mit ihrer Schwester in bescheidenen Verhältnissen auf. „Ich war 13 Jahr, wie ich ausging zu nähen. Abends kam ich mit 6 s (Schilling) zu Hause, dan machte es mir Vergnügen, Kleinigkeiten zu bestreiten und meiner Mutter zu Hülfe zu kommen, und Abends nähte ich oft noch bis 12 Uhr", schreibt sie später ihrem Sohn. Sie arbeitet als „Kleinmädgen" bei „honeten Herschaften". Später hat sie mit ihrer Schwester ein Geschäft in der Neustadt, in dem alles verkauft wird, was man zum Nähen braucht: Knöpfe zum Beispiel und Zwirn.

Hier begegnet sie dem jungen Musiker Johann Jakob Brahms (1806-1872), der ein Zimmer bei Christianes Familie mietet und nach acht Tagen um ihre Hand anhält. Christiane kann es gar nicht fassen, schließlich ist der schmucke junge Mann, der

Christiane Brahms förderte ihren berühmten Sohn Johannes Brahms nach Kräften.

23 Lenze zählt, 17 Jahre jünger als sie. Doch der meint es ernst, „und so hielt ich es für Bestimmung". Gudrun Jalass hält es allerdings für etwas anderes: „Ich denke, dass für ihn außer der Liebe auch der Versorgungsaspekt eine Rolle gespielt hat. Er sah, dass Christiane ein Geschäft führte, und versprach sich davon auch finanzielle Sicherheit." Nachts schläft er in dem gemieteten Zimmer und später dann in ihrem Bett, tags verdient er seinen Lebensunterhalt als Tanz- und Gelegenheitsmusiker, am 9. Juni 1830 läuten die Hochzeitsglocken. Christiane heißt nun nicht mehr Nissen, sondern Brahms. Und Johann Jakob muss nun nicht länger im Einzel-, sondern darf offiziell im Ehebett schlafen. Straßenmusiker muss er auch nicht mehr sein, wird er doch im Jahr seiner Eheschließung in das Hornistenkorps der Bürgerwehr aufgenommen. Viel Geld verdient er da noch nicht, sie allerdings bringt einiges mit in die Ehe: ihre Ersparnisse. „Ich hatte mir schönes leinzeug teils sauer teils mühsam verdient." Außerdem hat sie 300 Mark gespart und überrascht ihn damit, 100 davon verspielt er sogleich in der „Zalenloteri". Sie ist wütend, gekränkt. Wie viele Stiche mit der Nähnadel hat sie machen und wie viele Stunden im Laden stehen müssen, um das Geld zu verdienen! Aber sie sagt nichts, wie sie auch in den Folgejahren meistens schweigt.

Die Ehe ist fruchtbar, obwohl nicht mehr jung, bringt Christiane drei Kinder zur Welt. Schon jetzt wird Christiane auf etwas aufmerksam, das sie ihr ganzes Eheleben verfolgt: Ihr Gatte ist nörgelig und schwer zufriedenzustellen. In der Wohnung ist es ihm zu heiß – nach einem Jahr ziehen sie in eine andere. „In den Folgejahren sind sie noch sehr oft umgezogen", sagt Gudrun Jalass. „Wenn er Geld hatte, hat er Möbel, Instrumente und Noten gekauft. Und immer, wenn er etwas verdient hat, sind sie in eine größere

„Wenn er Geld hatte, hat er Möbel, Instrumente und Noten gekauft. Und immer, wenn er etwas verdient hat, sind sie in eine größere Wohnung gezogen, wegen der Reputation und weil er vor seinen Kollegen gut dastehen wollte."

Wohnung gezogen, wegen der Reputation und weil er vor seinen Kollegen gut dastehen wollte." Christiane schreibt in ihrem Brief an ihren Sohn, wie sie ihren Mann einmal angefleht habe, keine sechs weiteren

Stühle zu kaufen, sie hätten doch schon 17, sondern das Geld lieber in Kleider und Ausbildung der Kinder zu stecken, wo es am Nötigsten fehle. Und die stellvertretende Leiterin des Brahms-Museums erzählt: „Vater Brahms versuchte, einen kleinbürgerlichen Stand zu erreichen. Man speiste Gans, Karpfen und trank Eierpunsch, da wurde schon gefeiert und gelebt."

Christiane Brahms schreibt: „Für mich war es eine große Last mit 3 kleinen Kindern." Aber diese Kinder, sagt Gudrun Jalass, habe sie über alles geliebt und alles für sie getan. „Sie hat das Talent von Johannes viel eher und stärker erkannt als sein Vater, der ja Musiker war. Sie hat Urteilskraft gehabt und auch den Unterricht der Söhne begleitet."

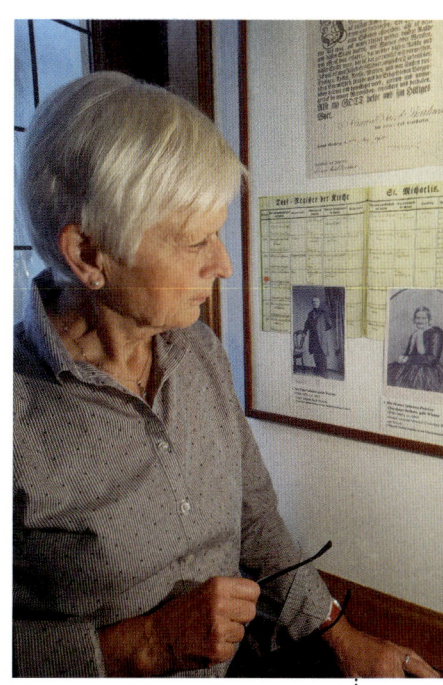

Gudrun Jalass an ihrem Arbeitsplatz im Brahms-Museum mit Blick auf eine Abbildung von Christiane Brahms.

Später hat Christiane wieder ein kleines Geschäft in der Neustadt. Hier verkauft sie holländische Waren, Kurzwaren und Nähmaterial. Von den Einnahmen finanziert sie ihren Kindern Kleider, Bildung, Noten, Instrumente und Unterricht. Dann schreibt sie: „(D)a wollten wir mit ein mal nach Amerika und Eiligst wurde Ales verkauft natürlich mit Schaden. das war nicht meine Schuld. ich habe mich immer in allen gefügt. ich hatte es in dem Hause sehr Sauer."

Und die Laune von Vater Brahms verschlechtert sich zusehends. Immer quengeliger ist er, nichts ist ihm recht. „Er war unzufrieden mit den Kindern und immer der Ansicht, dass aus ihnen nichts würde. In seinen Augen war Fritz ein Schmarotzer, Elise faul und sie habe außerdem ständig Kopfschmerzen, und dass Johannes noch zu Hause lebte, passte ihm auch nicht", sagt die Musikprofessorin. Und das, obwohl der Junge, schon seit er 13 Jahre alt ist, zum Familieneinkommen beiträgt und in Tanzlokalen aufspielt.

Irgendwann fällt es Johannes auf, dass seine Mutter, der er sehr nahe steht, immer stiller und bedrückter wird. Er fragt: „Ach, Mutter, Vater ist immer so komisch, nun auch du?" Da sagt sie es ihm. Da muss sie es ihm sagen: Der Vater sei der Ansicht, er solle nun endlich machen, dass er „in die Welt komme", er wolle ihn nicht mehr ernähren. Johannes ist aufgebracht, empört, verletzt. Tränen fließen ihm über die Wangen, ebenso wie seiner Mutter und seiner Schwester. Bis in die Nacht diskutieren sie, es ist spät, als sie zu Bett gehen.

Dann lässt ihr Gatte sie „citiren", also vor Gericht laden. Er will die Scheidung und wird diesen Wunsch auch durchsetzen. Er ist Ende 50, sie Mitte 70, 34 Jahre lang waren sie verheiratet. Christiane ist fassungslos. Hat sie doch nie geklagt, hat sie doch immer getan, was er wollte, und ihren Zorn darüber, dass er für sich alles kaufte und seine Familie so knapp hielt, heruntergeschluckt. Hat sie doch versucht, es allen recht zu machen. Zumindest mit ihren Kindern ist ihr das gelungen. Johannes Brahms jedenfalls sagte einmal: „Die Mutter möchte ich immer mitnehmen können."

„Die Mutter möchte ich immer mitnehmen können."

....

Erinnerungsorte:

Christiane Brahms lebte an vielen verschiedenen Adressen, unter anderem in der Speckstraße 24, in Schlüters Hof, Am Dammtorwall 29 und in der Hohen Fulentwiete 74.

Ein Plan des St. Johannis Klosters, in dem Elebeke wirkte, um 1600. Von Margaretha Elebeke selbst gibt es kein Bild.

EINE KAMPFESFLUSTIGE NONNE

Den Herren den Schlüssel geklaut

Domina. Das bedeutet per Definition eine besitzende oder gebietende Frau – in der heutigen Zeit ist der Begriff vor allem mit der BDSM-Szene verknüpft. Eine Nonne mit einer Domina in Verbindung zu bringen, mag deshalb erst einmal befremdlich klingen, tatsächlich war *Domina* aber früher der Begriff für eine Klosteraufseherin. Und in Hamburg gibt es eine, die das Spiel mit der Macht durchaus genoss und der das Gebieten Freude bereitete – freilich nicht in dem Sinne, in dem Dominas das heute tun: Margaretha Elebeke, ihres Zeichens Vorsteherin des Nonnenklosters Harvestehude, liebte es, mit dem Rat der Stadt Hamburg Machtspielchen zu spielen – und provozierte damit fast einen Staatsstreich.

Der Streit beginnt im Oktober 1699 mit einem Sterbefall, genauer: dem des Klosterbürgers Kronenburg, der seitens der Stadt abgestellt ist, in allen Belangen, die das Kloster betreffen, mitzubestimmen. Im Grunde ist er so etwas wie ein Klosterverwalter, ein Mittler zwischen Stadt und Kloster. Bei der Bestimmung seines Nachfolgers sollen eigentlich die beiden Bürgermeister der Hansestadt mitreden dürfen – doch „Die Elebeksche" fragt sie nicht, sondern setzt eigenmächtig den Oberalten Albert Kohlbrand ein. Das ist nicht nur dreist, das ist ein Verfassungsbruch! Der Hamburger Rat zeigt sich entsprechend empört – was die kampfeslustige Nonne aber eher noch beflügelt. Sie hat Freude daran, die hohen Herren zu provozieren, und sinnt auf weitere Möglichkeiten, die Empörung des wohllöblichen Rats auf sich zu ziehen.

Praktischerweise hat sie dafür im wahrsten Sinne des Wortes jede Menge Munition: Im Keller ihres Klosters befindet sich nämlich das Kanonen- und Munitionslager der Hamburger Artillerie. Die Domina lässt kurzerhand das Schloss austauschen, sodass die Bürger des Artillerie-Departments buchstäblich vor verschlossener Tür stehen, als sie am 20. Oktober 1700 ins Arsenal wollen, um eine Inventur vorzunehmen. Der als Routinekontrolle anberaumte Termin gerät zum großen Aufreger. Kurt Grobecker und Kerstin von Stürmer machen in ihrem Buch *Hamburg skandalös*

„Und auch diesmal schätzte der Rat die Lage offenbar falsch ein: denn wieder zog das erlauchte Gremium den Schwanz ein, in der Hoffnung, daß sich alle Beteiligten schon wieder irgendwie beruhigen würden."

sehr deutlich: „Das war ein Affront gegen die Staatsgewalt [...]. Und auch diesmal schätzte der Rat die Lage offenbar falsch ein: denn wieder zog das erlauchte Gremium den Schwanz ein, in der Hoffnung, daß sich alle Beteiligten schon wieder irgendwie beruhigen würden."

Doch Domina Elebeke beruhigt sich mitnichten! Sie hat ja gerade erst eine diebische Freude an dem Spiel gewonnen. Und vor allem hat sie gelernt, dass man vor ihr Angst zu haben scheint und tut, was sie verlangt. Wer soll sie auf ihrem Weg nach oben jetzt noch aufhalten? Die Domina hat Wünsche, und die Umsetzung derselben geht sie mit der ihr eigenen Zielstrebigkeit und Entschlossenheit an. Sie fordert, zur Äbtissin befördert zu werden und obendrein noch einen Krummstab verwenden zu dürfen, was ihre Wichtigkeit hervorheben würde. Um dieses Ziel zu erreichen, braucht sie Dokumente, die aber hinter Schloss und Riegel liegen. Allein: Der Rat hat genug von der machthungrigen Nonne und gedenkt keineswegs, die Unterlagen herauszurücken. Da sich der Schrank mit den Utensilien im Kloster befindet und Margaretha Elebeke droht, ihn gewaltsam aufzubrechen, wenn man ihr die begehrten Unterlagen nicht aushändigt, lässt der Rat den Aktenschrank kurzerhand aus dem Kloster entfernen.

Das will die Domina natürlich nicht auf sich sitzen lassen. Sie schreibt sogar, um Hilfe bittend, an den Kaiser. Doch der hat Besseres zu tun, als sich um die aufständische Nonne zu kümmern. Der Rat und die Bürgerschaft der Stadt Hamburg stellen der „Elebekschen" ein Ultimatum: Sie soll den Schlüssel zum Waffendepot herausgeben und auf die unbotmäßige Beförderung verzichten. Doch die Elebeksche beharrt auf ihre Forderungen. Eine Staatskrise droht und – sie wird abgewendet: Margaretha Elebeke segnet das Zeitliche. Ihre Nachfolgerin wird Anna Oldehorst, anscheinend eine sehr friedliche Frau. Und der Elebeke lässt man ein großes Begräbnis angedeihen. Autor Kurt Grobecker konstatiert in seinen *Alstergeschichten*: „Immerhin hatte Hamburgs Stadtobere einen gehörigen Schuss vor den Bug ihres männlichen Überlegenheitsanspruchs bekommen: Eine Hanseatin hatte Flagge gezeigt, bis hin zu einem fulminanten Staatsstreich!"

....

Erinnerungsort:

Das St. Johannis Kloster, in dem Margaretha Elebeke lebte, befand sich auf dem Gelände des heutigen Rathausmarktes.

Juliana Larsson.

Erste Frau in der Bürgerschaft

Kämpferin für Frauenrechte

Ausgerechnet im Revolutionsjahr 1848 wird Helene Lange geboren, gerade in jenem schicksalsträchtigen Jahr, als Frauen in Deutschland zum ersten Mal ihre Stimme erheben. „Die späteren Weggefährtinnen von Helene Lange sahen im Umstand ihrer Geburt im Revolutionsjahr ein Vorzeichen für ihren kämpferischen Charakter und erklärten sich ihr liberales Politikverständnis, welches zu gleichen Teilen auf Nationalbewusstsein und Freiheitsliebe fußte, mit diesem ‚Geburtserlebnis‘", schreibt Kerstin Wolff, Leiterin des Archivs der deutschen Frauenbewegung, in ihrem Buch *Unsere Stimme zählt*.

Schon im Alter von sieben Jahren verliert Helene ihre Mutter, neun Jahre später ihren Vater, einen Kaufmann. 16 ist sie – und Vollwaise. So gern will sie Lehrerin werden, doch ihr Vormund lässt das nicht zu. Deshalb arbeitet sie zunächst als Kindermädchen in einer Erziehungsanstalt im Elsass und bereitet sich autodidaktisch auf das Lehrerinnenseminar vor: Sie liest, studiert und bildet sich fort. Inzwischen erwachsen, legt sie im Jahr 1872 als Externe an der Königlichen Augusta-Schule (heute Sophie-Scholl-Gesamtschule) die Lehrerinnenprüfung ab.

Politisch aktiv ist sie da noch nicht: „Von der organisierten Frauenbewegung nahm sie in diesen Anfangsjahren noch keine Notiz, sie widmete sich eher ‚dem inneren Aufbau der geistigen Persönlichkeit‘, wie sie selbst dies in ihren Erinnerungen nannte", sagt Kerstin Wolff. Mit Feuereifer übt sie ihren Beruf als Lehrerin aus, 1874 arbeitet sie an der Krahmerschen Höheren Mädchenschule in Berlin, ab 1876 für 15 Jahre in der Crainschen Höheren Mädchenschule. Sie stellt fest, dass es

Helene Lange macht sich für die Bildung von Mädchen stark. Diese Aufnahme wurde vor 1899 im Photographie Atelier Elvira gemacht.

hinsichtlich der Lehrerinnen- und Mädchenbildung immer wieder große Missstände gibt, und baut deshalb ein Lehrerinnenseminar auf. „Auch mit den ungenügenden Lehrinhalten in höheren Töchterschulen wurde sie konfrontiert", sagt Kerstin Wolff. „Vor allem bürgerliche Mädchen sollten nach wie vor auf ein hausfrauliches Leben an der Seite eines Ehemannes vorbereitet werden." Doch sei dieses Modell in eine nicht mehr zu übersehende Krise geraten. „Das Problem der unversorgten Töchter konnte nicht länger ignoriert werden, und immer mehr junge Frauen bemühten sich um eine standesgemäße Berufstätigkeit", unterstreicht die Leiterin des Archivs der Deutschen Frauenbewegung.

Kerstin Wolff mit ihrem Buch über das Frauenwahlrecht.

Helene Lange erkennt die Zeichen der Zeit und kämpft dafür, dass Mädchen hinsichtlich der Qualität ihrer Ausbildung den Jungen gleichgestellt werden – und dass es qualifizierte Frauen sind, die ihnen ihre Ausbildung angedeihen lassen. In der Frauenbewegung positioniert sich Helene Lange, damals noch in Berlin, als Lehrerin und Liberale im Verein deutscher Lehrerinnen und Erzieherinnen. „Die Idee, das höhere Mädchenschulwesen zu reformieren, schien unter der Regierung des liberalen Kaisers Friedrich III. 1888 gelingen zu können. Vor allem seine Gattin Viktoria hatte schon immer in engem Kontakt zur liberalen Frauenbewegung gestanden", ordnet Kerstin Wolff die Tätigkeit Helene Langes in den historischen Kontext ein.

Gemeinsam mit sechs anderen Frauen reicht sie beim Preußischen Unterrichtsministerium und beim Preußischen Abgeordnetenhaus eine Petition ein. Die Hauptforderungen: „1. daß dem weiblichen Element eine größere Beteiligung an dem wissenschaftlichen Unterricht auf Mittel- und Oberstufe der öffentlichen höheren Mädchenschulen gegeben und namentlich Religion und Deutsch in Frauenhand gelegt werden. 2. daß von Staats wegen Anstalten zur Ausbildung wissenschaftlicher Lehrerinnen für die Oberklassen der höheren Mädchenschulen mögen errichtet werden." Die Schrift wird als *Gelbe Broschüre* bekannt und sorgt dafür, dass auch Helene Langes Bekanntheit steigt. „Sie gibt den entscheidenden Anstoß zur Reform des Mädchenschulwesens", erklärt Kerstin Wolff. Allerdings hat die Petition selbst zunächst keinen politischen Erfolg. Sie wird im Abgeordnetenhaus noch nicht einmal behandelt und vonseiten der Regierung nach einem Jahr abgelehnt.

Aber die Idee ist nun in der Welt, und Helene Lange kämpft weiter. „Nachdem klar geworden war, dass ‚Vater Staat' an der Erziehung seiner ‚Töchter' kein Interesse hatte, griff sie zur Selbsthilfe", setzt Kerstin Wolff ihre Schilderung fort. Sie baut Realkurse für Mädchen auf, die diese nach dem Besuch der höheren Töchterschule befähigen sollen, innerhalb von zwei Jahren eine allgemeine Grundlage für gewerbliche und kaufmännische Berufe und, soweit das möglich ist, für die Universität zu erlangen. „Das Ganze war ein Experiment und spiegelt auch Helene Langes politisches Verständnis wider. Sie hoffte darauf, dass durch die Leistungen der jungen Frauen die Rechtmäßigkeit der Forderungen offensichtlich werden würde. Sie begründete damit eine Vorstellung von einer ‚praktischen Politik', die durch die Realität die Theorie zwingen wollte zu folgen", erklärt Kerstin Wolff. „Frauen sollten dem Staat, sollten den zögerlichen Männern zeigen, was sie alles zu leisten im Stande seien, dann – so hoffte sie – würden diese den Frauen den Lohn, nämlich die Änderung der gesellschaftlich und politisch rechtlosen Situation, nicht verweigern können."

Helene Lange argumentiert nicht mit der Gleichheit der Geschlechter, sondern mit der Gleichwertigkeit, Akzeptanz und Würdigung eines spezifischen – von dem der Männer gänzlich unterschiedlichen – Weges. „Mit dieser Einstellung formte und beeinflusste sie die sich selbst als ‚gemäßigt' verstehende Richtung der deutschen

> *„Nachdem klar geworden war, dass ‚Vater Staat' an der Erziehung seiner ‚Töchter' kein Interesse hatte, griff sie zur Selbsthilfe."*

Frauenbewegung." 1893 gründet sie eine eigene Zeitschrift, die für die Entwicklung der Frauenbewegung entscheidend werden wird: *Die Frau – Monatsschrift für das gesamte Frauenleben* soll ganz bewusst kein Unterhaltungsblatt sein, sondern ein Kommunikationsblatt für die bürgerliche Frauenbewegung.

Immer bedeutender wird Helene Lange für die Frauenbewegung, um 1900 ist sie Vorsitzende des Allgemeinen Deutschen Lehrerinnenverbandes, sitzt im Vorstand des Bundes Deutscher Frauenvereine und des Allgemeinen Deutschen Frauenvereins und spricht sich – bereits 1896 – für das Wahlrecht der Frau aus.

Mit der männlichen Vorstellung, die Frau sei durch die Ehe mit einem Mann durch diesen auch in der Politik vertreten, geht sie hart ins Gericht. Denn wie sieht ein nur von Männern gelenkter Staat aus? Sie schreibt: „Technisch und intellektuell auf der Höhe, aber – da stehen am Schluß des Jahrhunderts die Völker bis an die Zähne bewaffnet einander gegenüber. [...] Und was mehr noch als dieser die Völker zerstört, der Alkoholismus, er steigt rapide und füllt die Zuchthäuser [...]. In wirtschaftlicher Beziehung: ein Kampf aller gegen alle; Verarmung und Heimatlosigkeit ergreifen immer weitere Schichten."

Und die Stellung der Frau? Damit sehe es auch nicht besser aus, so Lange, denn „der Männerstaat hat dafür gesorgt, daß der Jüngling seine Studien über die Frau an der Dirne macht und den ganzen Ekel mit ins Leben nimmt, der damit zusammenhängt". Daher bleibt also nur ein Schluss: Der reine Männerstaat, wie Lange es nennt, hat sich nicht bewährt. Und egal wie lautstark und gelehrt Männer dies anzweifeln würden, die Frauen könne niemand in dieser Einsicht erschüttern. „Helene Lange fordert also nicht das Stimm- und Wahlrecht für die Frau, weil dies eine Frage der Gerechtigkeit ist, sie fordert das Recht zur politischen Partizipation deshalb, weil die Gesellschaft dringend den weiblichen Einfluss braucht", folgert Kerstin

> *„Helene Lange fordert also nicht das Stimm- und Wahlrecht für die Frau, weil dies eine Frage der Gerechtigkeit ist, sie fordert das Recht zur politischen Partizipation deshalb, weil die Gesellschaft dringend den weiblichen Einfluss braucht."*

Wolff. Ihr ist klar, dass die öffentliche Meinung nicht aufseiten des Frauenstimmrechtes steht. Viele Männer hätten nicht erkannt, wie wichtig die politische Frauenarbeit für das staatliche Gemeinwohl sei. Und auch zahlreiche Frauen zeigten sich politisch desinteressiert, kritisiert sie. Dazu Helene Lange: „Es gilt einzudringen in die Arbeit der Gemeinden, in die Schulverwaltungen, die Universitäten, die verschiedenen Berufszweige, und überall zu zeigen: das kann die Frau. […] Der Weg ist weit; aber er ist kein Umweg."

1898 lernt sie die Frauenrechtlerin und Politikerin Gertrud Bäumer (1873-1954) kennen, ein Jahr später ziehen sie in eine gemeinsame Wohnung. „Die Beziehung dieser beiden Frauen zueinander hat die Zeitgenossinnen, aber auch die Forscherinnen und Forscher späterer Jahrzehnte immer wieder veranlasst, diese Beziehung mit einem Namen zu belegen", merkt Kerstin Wolff an. Marianne Weber nennt sie in ihrem Buch *Die Frauen und die Liebe* eine „Wahlmutter- und Wahltochterschaft", Angelika Schaser bezeichnet sie in ihrer Doppelbiografie zu Lange und Bäumer eine „Arbeits- und Lebensgemeinschaft" und Margit Göttert nennt sie eine Inszenierung als „regierende Königin und Königinmutter". Welche Definition nun auch am ehesten zutrifft: „Fest steht, dass die beiden Frauen 30 Jahre zusammen leben und arbeiten und mit und durch ihre Beziehung zu den wichtigsten Pionierinnen der bürgerlichen Frauenbewegung wurden", bringt es Kerstin Wolff auf den Punkt.

1906 werden 22 Frauen, unter ihnen Helene Lange und Gertrud Bäumer, vom Preußischen Kultusministerium in eine Kommission zur Reform des höheren Mädchenschulwesens berufen. Ab 1908 dürfen sich Frauen an preußischen Hochschulen regulär einschreiben. Noch wichtiger ist aber die Einführung eines reichsweit einheitlichen Vereinsgesetzes, denn von nun an dürfen Frauen Mitglied in politischen Parteien werden – Helene Lange zögert keine Sekunde und tritt in eine der liberalen Parteien ein. Sie hat das Gefühl, „eine neue Welt zu betreten", wie sie in ihren Lebenserinnerungen schreibt.

Bis die Stimme der Frauen aber wirklich ernst genommen wird, ist es noch ein langer, steiniger Weg, der Helene Lange mehr als einmal frustriert. Kerstin Wolff macht deutlich: „Helene Lange, die Lehrerin, die sich in den 1890er-Jahren unerschrocken für das Frauenstimmrecht eingesetzt hatte, sah ihr Arbeitsumfeld nicht im Kampf um das Stimmrecht. Daraus wurde ihr später gelegentlich ein Vorwurf gemacht, und es ist sogar in der Literatur zu lesen, dass sie *gegen* das Stimmrecht der Frau gewesen sei. Dies kann nach dem frühen Artikel von ihr schlecht behauptet werden."

„Helene Lange, die Lehrerin, die sich in den 1890er-Jahren unerschrocken für das Frauenstimmrecht eingesetzt hatte, sah ihr Arbeitsumfeld nicht im Kampf um das Stimmrecht. Daraus wurde ihr später gelegentlich ein Vorwurf gemacht."

Als Helene Lange 1916 nach Hamburg zieht, wo Gertrud Bäumer die Leitung der Sozialen Frauenschule übernimmt, ist sie eine berühmte Frau, die in ihrem Leben viel erreicht hat. Hier in der Hansestadt ist sie Mitglied der liberalen Deutschen Demokratischen Partei. Und hier erlebt sie den großen Moment: die Einführung des Wahlrechts für Frauen im Jahr 1919! Sie bringt sich, obwohl inzwischen die Kräfte altershalber nachlassen, selbstverständlich ein: als gewähltes Mitglied der Hamburger Bürgerschaft eröffnet sie diese am 24. Mai 1919 als Alterspräsidentin. Bis Dezember 1920 hat sie – als erste Frau – ihr Mandat in der Hamburger Bürgerschaft inne, dann legt sie es nieder und zieht mit Gertrud Bäumer zurück nach Berlin.

....

Erinnerungsorte:

Helene Lange lebte in der Scheffelstraße 80. Das Helene-Lange-Gymnasium in der Bogenstraße 32 trägt ihren Namen. Sie unterrichtete auch an der Sozialen Frauenschule im Mittelweg 35a. Seit 1950 ist eine Straße nach ihr benannt.

Königinnen der Düfte: Die Schwestern Anna und Maria Carstens.

Die Douglas-Schwestern

Hansestadt im Duftrausch

Paris hat Coco Chanel, New York hat Elisabeth Arden und Hamburg hat die Schwestern Anna und Maria Carstens, die sich der Schönheit – oder besser: den schönen Düften – verschreiben und Hamburgs feine Damenwelt in Entzücken versetzen. Am Neuen Wall (wo sonst?) eröffnen sie ihre erste Parfümerie. Der Name? Douglas. Dass es gute 100 Jahre später 1.200 Filialen in 18 Ländern geben wird, hätten sich die beiden wohl nicht träumen lassen, als sie bei Seifenfabrikantin Berta Kolbe anklopfen und fragen, ob sie nicht den Namen ihrer Seifenfabrik – Douglas – für ihre geplante Parfümerie verwenden dürften.

Berta Kolbe hat eigentlich keine Zeit, die beiden jungen Damen anzu-hören. Schließlich steht die Weltausstellung bevor, und die Seifenfab-rikantin gedenkt, sich auf selbiger mit J. S. Douglas Söhne herausra-gend zu präsentieren. Doch die Unternehmerin hat ein Näschen für gute Geschäfte, und dass dies eines ist, riecht sie sofort. Sie erteilt den Schwestern die Erlaubnis, den guten Namen der Firma Douglas für ihre Parfümerie zu nutzen. Unter der Bedingung, dass sich die Schwes-tern im Gegenzug verpflichten, alles, was sie an Seifenwaren benöti-gen, nur von ihr zu beziehen. Damit hat auch Berta Kolbe zweierlei gewonnen: einen Konkurrenzausschluss und eine noch stärkere Verankerung des Namens Douglas bei der Kundschaft. Denn ein Geschäft am Neuen Wall – das ist schon was!

Die drei Frauen schreiten also zur Vertragsunterzeichnung. Halten fest, worum es geht, nämlich, dass die beiden Schwestern „in Hamburg ein Geschäft in Seifen, Parfümerie- und Toilettenar-tikel gründen und betreiben" wollen. Berta Kolbe erteilt in dem Vertrag „den Fräulein Carstens das Recht, der Firma des zu gründenden Geschäfts die Bezeichnung ‚Parfümerie Douglas' an-zufügen". Und davon haben wiederum die Schwestern eine ganze Menge – denn „Douglas" ist in Hamburg bekannt, steht für Qualität, hat einen klangvollen Namen bei Hamburgs feiner Gesell-schaft. Diesen Namen umgibt schon damals ein Hauch von Exklusivität.

Im Jahr 1910 erwarben die Schwestern Carstens die Lizenz für ihre erste Parfümerie unter dem Namen Douglas.

Maria und Anna Carstens wissen, was sie tun. Berta Kolbe auch. Sie bringen die Welt zum Duften: Das I-Tüpfelchen einer eleganten Erscheinung, ein paar Tropfen am Handgelenk, hinter dem Ohr – und nicht nur die Dame selbst duftet, nein, auch das Briefpapier duftet nach ihr. Besonders dann, wenn die Worte, die darauf stehen, den Liebsten erreichen sollen, der sich so wiederum an den Geruch ganz besonderer Momente erinnert fühlt. Der Duft einer Dame wird zu ihrem Markenzeichen, sie bleibt ihm treu, denn Gerüche sind Erinnerungsträger. Blumendüfte liebt man besonders in jener Zeit, Veilchen zum Beispiel.

Wie hätte sich der schottische Seifensieder John Sharp Douglas gefreut, hätte er das geahnt! War es doch zum einen die Liebe, der er erlag, als er 1820 im Alter von 29 Jahren in Hamburg ankam, zum anderen die Welt der Düfte im Kehrwieder in der Speicherstadt – in der es so herrlich nach allerlei exquisiten Waren und fernen Ländern roch und wo er am 5. Januar 1821 eine Seifenfabrik gegründet hatte. Seine Produkte wurden rasch erfolgreich, zumal sie dank moderner Herstellungsmethoden erschwinglich und weil sie außergewöhnlich waren. Bei John Sharp Douglas gab es zum Beispiel „Kokosnussöl-Soda-Seife" und „Chinesische Himmelsseife". Schon damals hatte die Weltausstellung eine große Rolle gespielt. Auf der allerersten, die 1851 in London stattfand, erlangte John Sharp Douglas mit seiner Firma große Bekanntheit. Für seine „Him-

Bei John Sharp Douglas gab es zum Beispiel „Kokosnussöl-Soda-Seife" und „Chinesische Himmelsseife.

melsseife" bekam er sogar eine Medaille, ein Erfolg, der ihm Flügel verlieh, ihn zu neuen Erfindungen veranlasste. Noch im selben Jahr brachte er dann die „Egyptische Toilette Seife" auf den Markt. Als John Sharp Douglas 1847 starb, übernahmen seine Söhne das Unternehmen, das fortan J. S. Douglas Söhne hieß.

Ja, John Sharp Douglas wäre sicher erfreut gewesen, hätte er gewusst, welche Idee zwei den Düften so zugetane junge Damen später haben sollten, die wussten, wie wichtig Düfte auch für die Liebe sind. Es hätte ihn bestimmt mit Glück erfüllt, hätte er geahnt, dass sie es Hamburgs Damen leichter machten, Düfte zu tragen, von denen sie überzeugt waren, dass sie ihre Persönlichkeit unterstreichen.

Anna und Maria Carstens haben Erfolg mit ihrem Geschäft am Neuen Wall 5. Direkte Nachkommen haben sie zwar nicht, aber Patenkinder, um die sie sich sehr kümmern und die das Unternehmen nach ihrem Tod weiterführen: Hertha und Lucie Harders, ab 1931 fand sich deren

Name auch im Unternehmensnamen wieder, das nun als Parfümerie Douglas Harders & Co firmierte.

1969 gibt es in Hamburg sechs Douglas Parfümerien und eine erste Filiale eröffnet in Darmstadt. In den 1970ern beginnt die Expansion ins Ausland – Österreich. In den 1980ern folgen die Niederlande, die USA, Frankreich und Italien, in den 1990ern die Schweiz, Spanien und Portugal, in den 2000ern Polen, Ungarn, Monaco, Tschechien, die Türkei, Lettland, Litauen, Rumänien, Bulgarien und Kroatien.

Ob Anna und Maria Carstens nach dem Riechfläschchen verlangt hätten, hätten sie von dem Erfolg geahnt? Wohl eher nicht. Auch wenn sie den Düften äußerst zugetan waren: Um nach einem Riechfläschchen zu verlangen oder von diversen Ohnmachten heimgesucht zu werden, wie Gretchen in Goethes *Faust* – dazu dürften die beiden Unternehmerinnen dann doch zu fest auf dem hanseatischen Boden gestanden haben.

....

Erinnerungsort:

Am Neuen Wall 5 befindet sich heute noch die Douglas-Filiale.

Ingrid Reuß war ungemein fleißig. Das Kontor war ihr Leben.

QUARTIERSFRAU IM MANTEL

Zwischen Safran und Pfeffer

Hamburg im Dritten Reich: Im Traditionshaus Carl Wolter wird wöchentlich bis monatlich eine Kiste angeliefert und nach oben auf den Speicher verfrachtet. Es herrscht hektische Betriebsamkeit, erst am Abend wird es langsam ruhiger. Die Arbeiter gehen nach Hause, die Kiste steht sicher auf dem Boden. Eine zierliches Mädchen mit dunkelblonden Locken und blauen Augen steigt die Stufen empor. Es geht zu der Kiste, blickt sich vorsichtig um. In der Ecke steht ein Mann, ihr Vater. Er nickt ihr bestätigend zu. Das Mädchen

Ingrid Reuß fasst nach dem Verschluss der Kiste, öffnet sie. Ein verängstigtes Augenpaar starrt ihr entgegen. Sie lächelt, nickt. Die stumme Botschaft: Alles in Ordnung, Sie können herauskommen. In gleicher Weise verfährt sie jedes Mal mit den Kisten, die so angeliefert und auf den Speicher gebracht werden: Kisten, in denen Juden kauern, die von den Nazis verfolgt werden.

Zwölf Jahre zuvor hat das junge Mädchen, das hier so tapfer hilft, das Licht der Welt erblickt und seinen Vater in Erstaunen versetzt. Mit einer Deern hätte Albrecht Reuß nun wirklich nicht gerechnet! Er war überzeugt, dass seine Frau ihm einen Stammhalter schenken wird! Doch es ist ein Mädchen. Ein kleines, entzückendes Mädchen, das sofort sein Herz erobert. Aber für ein Mädchen hat er sich ja gar keinen Namen überlegt! Wie soll er das Kind nur nennen? Wer rechnet denn damit, ein Mädchen zu bekommen? Der Blick des Quartiersmanns wandert hinaus in den Hafen. Da läuft grade der Frachter *Ingrid Horn* ein. Groß prangt der Name am Bug. Ingrid! Natürlich! Ingrid soll die Deern heißen! „Dass sie den Namen von dem einlaufenden Schiff bekom-

„Dass sie den Namen von dem einlaufenden Schiff bekommen hat, passt durch und durch!"

men hat, passt durch und durch!", findet Doris Weiland-Pollerberg, die Ingrid Reuß Jahre später kennenlernte, ihr ein Leben lang in Freundschaft verbunden blieb und ihr täglich schrieb. „Denn die Speicherstadt, der Hafen und das Kontor ihres Vaters, das war und blieb ihr Lebensinhalt." Hier wird Ingrid Reuß ihr Leben verbringen, gemeinsam mit ihrem Vater und ihrem Bruder in dem großen Lagerhaus, das der Quartiersmann Carl Theodor Wolter 1907, ein Jahr vor seinem Tod, gegründet hatte. 1919 hatte Albrecht Reuß bei dessen Sohn Carl angeheuert und die Firma gemeinsam mit den Wolters geführt. Dann, 1944, übernahm Albrecht Reuß das Kontor ganz, unterstützt von seiner Tochter Ingrid: Carl Wolter war verstorben, sein Sohn in die USA ausgewandert.

Ingrid Reuß hat zwar keinen Berufsschulabschluss, „das war damals für Mädchen einfach nicht vorgesehen", wie sie später sagt. Aber sie besitzt immerhin sowohl den Volks- als auch den Handelsschulabschluss und weiß alles über die Arbeit der Quartiersleute. Kennt im

Kontor jede Ecke, jeden Griff, jedes Brett, ihr Leben spielt sich zwischen Trockenfrüchten, Hasenhaaren, Safran, Teppichen und Gewürzen ab. Und so tritt sie, zusammen mit ihrem Bruder Ingo, dann auch in die Fußstapfen ihres Vaters, oder besser: an seine Seite. Hart arbeitet sie auf den Speichern von Carl Wolter. Sie hält engen Kontakt zu den Kunden, zu denen auch der Schah von Persien und Kaiserin Soraya gehören, die sie 1955 im Hotel Atlantic trifft.

Da ist der Krieg schon zehn Jahre vorbei, der Krieg, in dem sie gemeinsam mit ihrem Vater vielen Menschen das Leben rettet: Juden, die, in Kisten kauernd auf den Speicher gelangen und dort versteckt werden, bis ein Schiff ausläuft, das sie mitnehmen und in Sicherheit bringen kann. „Sie wurden in unverdächtigen Kisten angeliefert und wieder abgeholt, blieben nur ein oder zwei Tage. Wir wussten nicht, wie sie hießen, woher sie kamen, wohin sie gingen. Wir sollten im Ernstfall nichts verraten können", wird Ingrid Reuß in einem Artikel von

> *„Sie wurden in unverdächtigen Kisten angeliefert und wieder abgeholt, blieben nur ein oder zwei Tage. Wir wussten nicht, wie sie hießen, woher sie kamen, wohin sie gingen. Wir sollten im Ernstfall nichts verraten können."*

der Journalistin Gisela Reiners zitiert. Ihr Bruder Ingo erinnert sich anders: „Sie blieben höchstens eine einzige Nacht auf dem Speicher. Wurden nachmittags spät gebracht und morgens zum Schichtbeginn weiterbefördert. Das war alles haarklein geplant und getaktet, denn die Kiste musste ja auch außenbords auf das Schiff und die Schiffe wurden sehr stark bewacht." Das Fuhrunternehmen, das die Kisten transportiert, heißt Peters & Löwenthal, ein Unternehmen mit jüdischen Wurzeln.

Die meisten der verfolgten Juden, die so in ihr Versteck gelangen, sind Männer. Albrecht Reuß kümmert sich um sie, bleibt bei ihnen, um ihnen Mut zuzusprechen oder sie bei Gefahren zu warnen. Doch manchmal kriechen auch vollkommen verängstigte Frauen aus den Kisten. Dann übernachtet seine Tochter bei ihnen – zwischen Gewürzen und Säcken inmitten der Verfolgten. Keiner weiß zu dieser Zeit davon. Keiner außer Ingrid und ihrem Vater. Wenn die Juden auf die Schiffe gehen, die sie an einen sicheren Ort bringen sollen, ist Ingrid

Reuß jedes Mal in Sorge. Wird ihnen die Flucht gelingen? Werden sie sicher ankommen? Zwei, drei, manchmal auch vier Tage muss sie auf Antwort warten, dann kommt von einem Verbindungsmann die Nachricht. Wenn alles geklappt hat, lautet sie: „Großmutter geht es wieder gut." Auf diese Weise rettet Ingrid Reuß ganz im Stillen Menschenleben. Ein Mädchen, das gegen Adolf Hitler und das Naziregime kämpft.

Später lebt sie für die Firma, ist nicht verheiratet und hat keine Kinder. Ingrid ist eine kritische und selbstbewusste Frau. Ihre Freizeit verbringt sie mit Kultur und Bildung. Mit den Kindern ihres Bruders Ingo habe sie allerdings ein enges Verhältnis gehabt und sie auch gern auf ihre zahlreichen Reisen mitgenommen, sagt Doris Weiland-Pollerberg. Als sie wegen eines Hörsturzes nicht mehr mit dem Flugzeug reisen kann, ist sie todunglücklich. Der einzige Trost: In dieser Zeit lernt sie Doris Weiland-Pollerberg kennen, die Gattin und Sprechstundenhilfe eines Arztes, den Ingrid Reuß in ihrer Not anruft – Doris Weiland-Pollerberg will sie eigentlich abwimmeln. Doch die Hanseatin lässt sich nicht vertrösten, kommt in die Sprechstunde, begegnet Doris Weiland-Pollerberg und es entsteht eine innige Freundschaft. „Zu Weihnachten schickte mir Ingrid immer große Pakete voller Pistazien, Nüsse und Mandeln", erinnert sie sich lächelnd. In Hamburg hat Ingrid Reuß zwei Wohnsitze – eine Wohnung in der Stadt und ein Haus in der Heide, das von einem Park umgeben ist.

Doris Weiland-Pollerberg hat sich mit Ingrid Reuß auch auf ihrem Balkon getroffen.

„Der Park war penibel sauber und das Haus sehr stilvoll und elegant eingerichtet", erzählt Doris Weiland-Pollerberg. Ebenso elegant wie seine Besitzerin. „Sie war eine enorm zupackende Person, aber sie war auch immer ganz Dame. In Handschuhen, Hut und Lodenmantel."
Als ihr Vater 1981 stirbt, bricht für Ingrid Reuß eine Welt zusammen. „Sie hatten eine unglaublich innige Bindung und sie war immer sein Liebling", sagt ihre Freundin. Nun ist Ingrid mit ihrem Bruder Ingo die Geschäftsführerin der Firma Carl Wolter. Eine Frau in einer Männerdomäne. Eine Chefin mit Hündchen und blauem Kittel. „Sie wusste sich Respekt zu verschaffen", bescheinigt ihr die langjährige Freundin. „Sie war nie laut, eher zurückhaltend, aber jeder wusste, dass sie das Sagen hatte. Dafür brauchte sie nicht die Stimme zu erheben." 57 Jahre lang arbeitet Ingrid Reuß in der Lagerfirma am Holländischen Brook, dann, 1999, geht sie in den Ruhestand, die kleine Frau im blauen Lodenmantel zieht sich auf ihren Landsitz zurück. Samt Hündchen.

> *„Sie wusste sich Respekt zu verschaffen. Sie war nie laut, eher zurückhaltend, aber jeder wusste, dass sie das Sagen hatte. Dafür brauchte sie nicht die Stimme zu erheben."*

....

Erinnerungsorte:

Die Firma, in der Ingrid Reuß wirkte, befindet sich Am Windhukkai 5. Begraben ist sie auf dem Ohlsdorfer Friedhof neben Kapelle 4 im Reußengrab.

DER ENGEL VON ST. PAULI
Klein, zierlich, zäh

*I*n England bei der Heilsarmee, Reisebegleiterin in Amerika, Gesellschafterin bei einer Gräfin in Paris, Gefängniswärterin: Bertha Keyser hat ein ausgesprochen abwechslungsreiches Leben hinter sich. Ein Leben, das sie den Armen widmete. Deswegen nannte man sie den „Engel von St. Pauli". Und deshalb, sagt Helma Strunk, sei bei ihrer Beerdigung „ganz Hamburg hinter ihrem Sarg hergegangen". Gemeinsam mit Ina von Kriegsheim hat sie einen Aufsatz über Bertha Keyser geschrieben, ihre Autoren-Kollegin ergänzt: „Bertha war eine kleine, zierliche Person, aber ungemein zäh und immer konsequent."

Bertha Keyser hätte es viel bequemer haben können: Dann zum Beispiel, wenn sie in den Diensten ihrer französischen Gräfin geblieben wäre. Aber genau das will die junge Frau eben nicht. Sie schreibt in ihren Memoiren: „(Das) reiche, satte Leben bei meinem Duc bekam mir nicht. Und zum Entsetzen aller ging ich zu den Armen und wurde später Gefängniswärterin in einem Pariser Frauengefängnis." Bei den Armen wird sie bleiben, sich um sie kümmern, für sie sorgen, weiß sie doch aus eigener Erfahrung, wie es ist, nicht viel zu haben: Der Vater stirbt früh, sie muss Geld verdienen, um die Mutter und die jüngeren Geschwister zu ernähren – und zahlreiche Jobs annehmen, die sie eben auch ins Ausland führen.

Wenn es um die Rechte ihrer Schützlinge geht, ist Bertha Keyser durchaus streitbar. „Fand sie etwas ungerecht, dann sagte sie das sehr deutlich und handelte sehr konsequent", unterstreicht Helma Strunk: „Ihr Engagement, das auf eine tiefe persönliche Zuneigung zu verarmten, kranken und auch kriminellen Menschen setzte, wurde an verschiedensten Stationen ihres Wirkens als unbequem empfunden. So kam es

Bertha Keyser setzte sich zeitlebens für die Armen ein.

immer wieder zu Konflikten zwischen ihr und den Leitungsinstanzen, die ihre Kündigung provozierten."

Bevor sie nach Deutschland zurückkommt, macht sie in England bei der Heilsarmee Station. Dann besucht sie, inzwischen 40 Jahre alt, eine Bibelschule in Berlin, kurz vor dem Ersten Weltkrieg kommt sie nach Hamburg. Hier gründet sie mit Hilfe von Spendenmitteln in einer Wohnung eine Mission für verwahrloste Kinder mit dem Namen „Mission unter der Straßenjugend". Der Zulauf ist enorm, deshalb muss sie bald nach St. Pauli umziehen – und es soll nicht der einzige Umzug bleiben. „Sie musste häufig den Ort wechseln", sagt Ina von Kriegsheim. „Der Hauptgrund dafür war, dass sich die Anwohner immer wieder über den regen Betrieb in der Nachbarschaft ärgerten und sich daran störten, dass sich die Ärmsten der Armen dort aufhalten."

> *„Sie musste häufig den Ort wechseln. Der Hauptgrund dafür war, dass sich die Anwohner immer wieder über den regen Betrieb in der Nachbarschaft ärgerten und sich daran störten, dass sich die Ärmsten der Armen dort aufhalten."*

Die Zeiten jedoch sind für alle hart, nicht nur für die Armen: Die Hungersnot nach dem Krieg ist groß, Bertha Keyser beschließt, unterstützt und angeregt von der St. Michaeliskirche, Abhilfe zu schaffen. „Im Grunde hat sie die erste Tafel gegründet", bringt es Helma Strunk auf den Punkt. Die Menschen kommen in Scharen: „Mit 30 Mahlzeiten pro Tag fing sie an, am Ende waren es 600", ergänzt Ina von Kriegsheim. Unermüdlich ist Bertha Keyser an den drei ausrangierten Gulaschkanonen der Stadt Hamburg im Einsatz, in den Jahren 1925 bis 1927 gibt sie insgesamt mehr als eine halbe Million Mahlzeiten aus. „Zu erkennen war sie an ihrer Schwesterntracht, die für sie so typisch werden sollte", bemerkt Ina von Kriegsheim. Und auch für jene, die kein Dach über dem Kopf haben, will sie etwas tun: In dieser Zeit, 1927, gründet sie in der Winkelstraße auch das Frauenobdachlosenheim „Fels des Heils". Es folgen Arbeiterwohnheime und ein Obdachlosenhaus für Männer.

Und dann kommt das Dritte Reich – und damit ein Kapitel im Leben Bertha Keysers, das einen Schatten auf diesen „Engel von St. Pauli" wirft und auch verwundert – bei einem Menschen, der immer an andere dachte und stark sozial geprägt war: Keyser sympathisierte mit dem aufkommenden Nationalsozialismus. Er sei für sie „ein willkommenes ideologisches Instrument gegen den Kommunismus und für den Kampf gegen sittliche und soziale Notstände" gewesen. Helma Strunk meint: „Sie fand es gut, dass die Nazis die Familie in den Vordergrund stellten, den Rest hat sie, glaube ich, gar nicht durchschaut." Im Krieg werden Keysers Missionshäuser und auch ihre Privatwohnung zerstört. Doch sie krempelt die Ärmel hoch und baut wieder auf. Schließlich gibt es viel zu tun, um all die Flüchtlinge will sie sich nun kümmern. Es ist nicht ungefährlich in der Stadt, es gibt Gegenden, in die sollte man sich als Frau nicht allein wagen. „Aber sie hat sich ohne Angst in die verschiedensten Viertel begeben", sagt Ina von Kriegsheim.

„Nach meinem Gefühl muß der Hungrige zuerst gesättigt werden, ehe man ihm das Wort Gottes bringen kann."

Sich um die Menschen zu kümmern, dafür zu sorgen, dass sie satt werden, ist für sie die Grundlage ihres Glaubens. Ina von Kriegsheim zitiert einen Satz Bertha Keysers aus deren Memoiren, der sie sehr beeindruckt hat: „Nach meinem Gefühl muß der Hungrige zuerst gesättigt werden, ehe man ihm das Wort Gottes bringen kann." Ina von Kriegsheim ist überzeugt: „Sie war vom Glauben durchdrungen. Ohne ihren Glauben hätte sie das nie geschafft."

....

Erinnerungsorte:

1983 wurde im Hamburger Stadtteil St. Pauli der Bertha-Keyser-Weg nach ihr benannt. Ihr Grabstein mit der Aufschrift „Geh auch du in den Weinberg" findet sich im Garten der Frauen im alten Teil des Ohlsdorfer Friedhofs nahe der Cordes-Allee beim Wasserturm.

FÜR DIE KUNST...

... und die Hamburgische Sezession

Soll sie es wirklich wagen? Verträgt ihre Liebe zur Kunst noch eine weitere Liebe neben sich? Die Liebe zu einem Mann? Die junge Dorothea Johannsen hadert mit sich. Seit sie in Kindertagen ihre Begeisterung für das Malen und Zeichnen entdeckt hat, steht für sie fest, dass sie ihr Leben der Kunst widmen will. Aber den Emil Maetzel (1877-1955), den liebt sie schon auch! Sehr sogar! Letztendlich entscheidet sie sich für beide Lieben. Die zu Emil und die zur Kunst. Beide werden sich befruchten, wie Kunsthistorikerin Friederike Weimar betont: „Ihr Mann war ebenfalls Künstler, Dorothea Maetzel-Johannsen und Emil Maetzel sollten später zu den Mitbegründern der Hamburgischen Sezession gehören, das war *die* Avantgardegruppe der damaligen Zeit – durch sie wurden in jenen Jahren viele Künstler von der Hansestadt angezogen.“

Für die Kunsthistorikerin ist besonders beeindruckend, wie zielstrebig Dorothea ihren Weg verfolgt. Für die Kunst und für die Liebe. „Sie hatte wirklich einen emanzipatorischen Lebensentwurf“, sagt sie. „Einen Lebensentwurf, in dem die Liebe eigentlich nicht vorkam, sie will als Zeichenlehrerin ihr eigenes Geld verdienen, auf eigenen Beinen stehen“, betont Weimar. Doch Emil Maetzel, Maler und im Hauptberuf Architekt, versichert ihr, auch in einer Ehe frei sein und malen zu dürfen, sich nicht mit dem Haushalt befassen zu müssen – dafür gebe es schließlich Dienstpersonal. Sie willigt ein, gibt ihm das Jawort.

Nun kommt Dorothea Maetzel-Johannsen, die zuvor in Schleswig gelebt hat, nach Hamburg. Eine „Einbuße“ bringt ihr die Heirat aber doch: Da es im wilhelminischen Kaiserreich verheirateten Frauen nicht gestattet ist, einen Beruf auszuüben,

Work-Life-Balance im 19. Jahrhundert: Dorothea Maetzel-Johannsen ist Ehefrau, liebevolle Mutter und erfolgreiche Künstlerin.

darf Dorothea fortan nicht mehr unterrichten – dafür bleibt ihr mehr Zeit, sich der eigenen Kunst zu widmen und ihren Stil zu entwickeln. Und sie kümmert sich um ihre Kinder, die 1911, 1913, 1915 und 1917 das Licht der Welt erblicken. „Das hat mich so an ihr fasziniert", bekennt Friederike Weimar, „dass sie es geschafft hat, Ehefrau zu sein, liebevolle Mutter und erfolgreiche Künstlerin, erfolgreicher sogar als ihr Mann."

Friederike Weimar betrachtet das Deckengemälde der Johanna Maetzel-Johannsen im Planetarium.

Und in Hamburg wird sie als Künstlerin bedeutend für die Kunstszene sein, besonders in der Zeit nach dem Ersten Weltkrieg, als sie zu den Gründern der Hamburgischen Sezession gehört. 1921 zieht sie in ihr eigenes Atelier in der Ulmenau 3. 1925 reist sie nach Paris, wo sie von den Werken Cézannes inspiriert wird. „Sie hat am Anfang noch ganz klar expressionistisch gearbeitet, nach ihrem Parisaufenthalt hat sie sich mit der Neuen Sachlichkeit auseinandergesetzt", berichtet Friederike Weimar, „und 1930 kam dann ein großer Auftrag: ein Deckengemälde im Hamburger Planetarium." Die Ausführung desselben wird die eigentlich noch junge Frau nicht mehr erleben: Nach einer Operation stirbt sie im Alter von nur 44 Jahren an einer Herzschwäche. Ihre vier Kinder bleiben als Halbwaisen zurück.

Aber wenn man im Hamburger Planetarium den Kopf in den Nacken legt und nach oben schaut, dann sieht man nicht nur die Sterne, sondern auch ihr letztes Werk, das sie zumindest noch entworfen hat – und ist dieser bedeutenden Hamburger Künstlerin auf einmal ganz nah.

Erinnerungsorte:

Ihr Atelier stand in der Ulmenau 3. Ihr letztes Werk ist im Hamburger Planetarium, Linnering 1 (Stadtpark) zu bewundern.

Nach Emilie Wüstenfeld ist eine Schule benannt.

MIT HAND, HERZ UND ENERGIE

„Eine engagierte Person"

Wenn man sich seine Zeit gut einteilt, engagiert und strukturiert ist, wenn man liebt, was man tut, dann kann man alle Pflichten, und seien sie noch so vielfältig, unter einen Hut bringen. Dann kann man Mutter sein, liebevolle Ehefrau und dennoch Karriere machen. Und wenn man überzeugt ist von seinem Tun und seine eigene Mitte gefunden hat, dann gelingt das auch, ungeachtet von Anfeindungen oder Schwierigkeiten von außen. Das gilt heute wie damals, als Emilie Wüstenfeld lebte: Durch Strukturiertheit, eine gute Zeiteinteilung und viel Liebe gelang es ihr, sich sozial unermüdlich einzusetzen, für ihre Kinder da zu sein, eine Ehekrise zu überwinden, eine Firma zu leiten, die erste Gewerbeschule für Mädchen zu gründen und sich von Misserfolgen und Rückschlägen nicht unterkriegen zu lassen: „Sie war eine unglaublich engagierte Person", urteilt Dr. Inge Grolle. Und sie muss es wissen, hat die Historikerin doch mannigfach über Emilie Wüstenfeld publiziert.

Ihre soziale Prägung bekommt Marie Emilie, geborene Capelle, schon in der Kindheit: Im Alter von fünf Jahren wird sie Halbwaise, ihre Mutter legt bei der Erziehung ihrer Töchter großen Wert auf soziales Engagement und Bildung. Emilie besucht die Schule, erhält darüber hinaus aber auch Privatunterricht. Und sie lernt Gleichberechtigung: „[…] im Hause Capelle (wurde) auf einen ungezwungenen und respektvollen Umgang zwischen den Geschlechtern geachtet", schreibt Rita Bake in einem Aufsatz.

Nach Hamburg kommt sie durch ihre Eheschließung: 1841, ein Jahr vor dem Großen Brand, heiratet sie den angesehenen Kaufmann Julius Wüstenfeld und zieht mit ihm in die Hansestadt – ebenso wie ihre Schwester Pauline, die zur gleichen Zeit heiratet und ihr zeitlebens eine wichtige Wegbegleiterin ist. Emilie Wüstenfeld und ihr Mann sind, wie auch Schwester und Schwager, schnell Mitglieder der guten Hamburger Gesellschaft. „Sie verkehrten mit anderen Kaufmannsfamilien und hatten durch die Tätigkeit ihres Mannes auch zahlreiche auswärtige Kontakte", sagt Inge Grolle.

Drei Kinder bekommt Emilie Wüstenfeld, doch die bereiten ihr statt großen Mutterfreuden viel Kummer und allertiefsten Schmerz. Alle drei sind von Geburt an sehr kränklich, das Leben zweier ihrer Kinder kann sie nicht retten.

Beinah ohnmächtig vor Schmerz stürzt sie sich in ihre Arbeit. Gemeinsam mit Bertha Traun (1818-1863), der Gattin eines Geschäftsfreundes ihres Mannes, ist sie Mitbegründerin des Vereins zur Unterstützung der deutsch-katholischen Gemeinde, einer unkonfessionell religiös-politischen, demokratischen Bewegung. Ob sie selbst Gemeindemitglied war, ist ungewiss. „Hier stand […] die Nächstenliebe im Vordergrund, nicht die Forderung nach einem streng orthodoxen, nach kirchlichen Maßstäben ausgerichteten Lebenswandel", schreibt

Rita Bake über den Verein. Emilie Wüstenfeld ist die Gleichberechtigung wichtig. Die Chancengleichheit. Der faire Umgang der Vereinsmitglieder verschiedener Religionen. Deshalb gründet sie den „Sozialen Verein zur Ausgleichung konfessioneller Unterschiede".

„Die Gleichberechtigung der Juden war für sie ein sehr wichtiges Thema, und deshalb richtete sie 1849, als Hamburg die Gleichberechtigung der Juden erklärte, ein großes Fest aus", erzählt Inge Grolle. In jenen Jahren startet sie auch den ersten Versuch einer Bildungseinrichtung für Frauen: Mit ihren Mitstreiterinnen gründet sie eine „Hochschule für das weibliche Geschlecht". Hier sollen Frauen eine der männlichen universitären Bildung adäquate, aber nicht gleiche, sondern dem weiblichen Charakter entsprechende Bildung erhalten, bezogen auf weibliche Aufgaben wie Kindererziehung und Haushalt. Finanziert wird das Projekt über den Verkauf von Hochschulaktien: Die ersten Käufer sind die Ehemänner der Initiatorinnen. Lange hat die Hochschule, der 1850 noch ein Kindergarten angegliedert wurde, aber nicht Bestand, 1852 wird sie bereits wieder geschlossen. Denn Emilie Wüstenfeld hat Gegner. Zu freisinnig sei sie, und wie das denn gehen sollte, dass an der Hochschule Mädchen unabhängig von ihrer Konfession eine Bildung ermöglicht werde, empören sich ihre Kritiker. „Flugzettel wurden gedruckt, die bürgerlichen Eltern waren ver-

> *„Flugzettel wurden gedruckt, die bürgerlichen Eltern waren verunsichert und schickten ihre Töchter nicht mehr in die Hochschule, auch die Sponsoren zogen sich zurück."*

unsichert und schickten ihre Töchter nicht mehr in die Hochschule, auch die Sponsoren zogen sich zurück", erzählt Inge Grolle weiter.

Auch privat geht es bergab: Emilie Wüstenfeld ist nicht glücklich in ihrer Ehe, ein Leid, das sie mit ihrer Freundin Bertha Traun teilt. Letztere lässt sich scheiden, Emilie denkt zumindest darüber nach. Das wird öffentlich, sie gerät noch mehr ins Feuer der Kritik. All das schlägt ihr aufs Gemüt und auf die Gesundheit. „Sie war vollkommen erschöpft", bringt es Inge Grolle auf den Punkt. Aufenthalte in London und in der Schweiz bringen sie wieder zu Kräften.

Emilie kommt zurück, wendet sich ihrem Mann wieder zu und berücksichtigt dabei auch seinen Wunsch, nämlich, dass sie sich um ihre

Familie kümmert. Sie widmet sich der Fürsorge für ihre kränkelnde Tochter und nimmt noch ein Pflegekind auf. Zusätzlich zu ihrem Einsatz für die Familie gelingt es ihr, sich auch anderweitig zu engagieren. Marie Kortmann schreibt über ihre Tante: „Sie verstand es, das Recht auf ihre eigene Persönlichkeit, das sie nicht aufgab, mit den zu keiner Zeit hintenangesetzten Pflichten gegen die Familie zu verbinden. Fernerstehende konnten nicht begreifen, wie sie die Kraft und Zeit für ihre rastlose Tätigkeit fand, wenn nicht auf Kosten der Familie und Häuslichkeit [...]. Sie verstand es eben, durch eine gute Zeiteinteilung allen Anforderungen gerecht zu werden."

Die Zeiten sind unruhig: Die Revolution von 1848 erschüttert die Stadt, das Leben zahlreicher Menschen ist auf den Kopf gestellt, die Armut groß. Emilie Wüstenfeld gründet gemeinsam mit Charlotte Paulsen (1797-1862) den „Frauenverein zur Unterstützung der Armenpflege", und nun ist auch ihre einstige Mitarbeiterin und spätere Kritikerin Emma Isler (1816-1886) versöhnt. Sie schreibt: „Frau Wüstenfeld hatte sich selbst gefunden[...]. Als die Erhebung von 48 niedergeschlagen war und die Verfolgung der Freiheitskämpfer begann, verdankte Mancher ihrer Energie und ihrem aufopfernden Muth die Freiheit in Amerika, dem jahrelange Kerkerhaft gedroht hatte. Als die politische Aufregung vorüber war, wendete sie sich ganz der Armenpflege zu und hier erst entwickelte sie ihre volle Bedeutung." Die Hilfsaktionen bleiben meist geheim, nur besonders listenreiche Streiche werden weitererzählt, so zum Beispiel, wie Emilie Wüstenfeld bei der Aufstellung der Schiffslisten einen flüchtigen Poeten als ihren Privatsekretär einträgt oder wie sie und Charlotte Paulsen dem zum Tode verurteilten Otto von Corvin (1812-1886) zur Flucht nach England verhelfen, indem er in Frauenkleidern in Begleitung von Emilie Wüstenfeld an der auf ihn wartenden Polizei vorbei in die Kutsche steigt, die

Emilie Wüstenfeld gründete die erste Gewerbeschule für Mädchen.

ihn nach Pinneberg bringen wird, während oben in seinem Zimmer Charlotte Paulsen ein imaginäres Gespräch mit ihm führt, um die Wirtin und die Polizei zu täuschen.

Acht Jahre nach der Revolution erwerben die Wüstenfelds ein Haus auf dem Hammer Deich. Sie behalten zwar ihre Stadtwohnung, aber Emilie hält sich nun sehr häufig auf dem Land auf. Und sie wird zur Geschäftsfrau – aus Sorge um ihren Mann: Der ist überfordert mit der Leitung der Blaufärberei, die er dort betreibt, ständig sorgt er sich um die Finanzen. Emilie springt ein, nimmt die Fäden in die Hand, entlässt den Chemiker, wodurch es ihr gelingt, die Betriebskosten zu senken, und stabilisiert ihre Firma. Ihr soziales Engagement kommt dabei nicht zu kurz, immer wieder gibt sie armen Menschen – Freunden ebenso wie Fremden – ein Zuhause. Auch solchen, die politisch oder religiös verfolgt werden. Repressalien fürchtet sie nicht.

Ein Ereignis Ende der 1850er-Jahre soll ihr zu schaffen machen: Damals rufen die Wüstenfelds ein Komitee zur Förderung der Gewissensfreiheit ins Leben. Ziel ist es, die in den Grundrechten der Verfassung von 1848 verankerte Glaubens- und Gewissensfreiheit zu verwirklichen. Doch die Mitglieder dieser Runde geraten schnell in Streit: „Sie (Emilie Wüstenfeld), der Toleranz für die Überzeugungstreue Andersdenkender Herzenssache war, litt schwer darunter, um so mehr, als die Kämpfe nicht von außen kamen, sondern durch den Konflikt sich achtender Menschen; sie beklagte, daß die Deutschen so gründlich und übergewissenhaft seien, daß zwei gute, edle Menschen, die dasselbe wollten, vor lauter Gewissenhaftigkeit sich nicht einigen könnten", schreibt Marie Kortmann. Letztendlich findet das Komitee aber zu einer Einigung.

Und immer noch kämpft Emilie Wüstenfeld für ihr Ziel, Mädchen eine gute Ausbildung zu ermöglichen. Erfolgreich: 1866 eröffnet sie die Schule des Charlotte Paulsenstifts bei den Pumpen, die von 300 Schülerinnen besucht wird und der auch ein Kindergarten angegliedert ist. Ein Jahr darauf gibt es im Paulsenstift auch Fortbildungskurse für Mädchen. Wegen des großen Zulaufs muss die Schule in neue Räumlichkeiten am Großen Burstah 16 umziehen. Das ist gewissermaßen der Anfang der ersten deutschen Gewerbeschule für Mädchen, sie wird 1868 eröffnet. Rita Bake schreibt: „Ihre umfangreichen und zielstrebig verfolgten Aktivitäten überzeugten schließlich auch den Senat, so daß Bürgermeister Kirchenpauer, die Senatoren Versmann und Petersen sowie einige Herren der Finanzabteilung ihr für den Bau eines größeren Schulgebäudes der Gewerbeschule für Mädchen einen Bauplatz an der Brennerstraße Nr. 77 zuwiesen." Emilie ist mit Feuereifer dabei. Die Schule zu bauen, kann ihr nicht schnell genug gehen – trotzdem muss sie sich in Geduld üben. Und zwar nicht, weil ihr Arzt ihr wegen drohender Herzverfettung dringend zur Ruhe rät. Das ignoriert sie. Sondern weil die Zeiten abermals unruhig sind – politisch und familiär. Der Deutsch-Französische Krieg (1870-1871) bricht aus, ihre Enkelkinder sterben – was sie wieder an den nie verwundenen Verlust ihrer beiden eigenen Kinder erinnert. Nach dem Krieg sind die Baukosten so in die Höhe gestiegen, dass sie erst wieder die finanziellen Grundlagen schaffen muss. Doch 1873 ist es endlich so weit – der Neubau in der Brennerstraße 77 kann eröffnet werden. „Sie hat sich um so vieles verdient gemacht", sagt Inge Grolle nachdenklich, „aber das war ihr Glanzstück."

Emilie Wüstenfeld stirbt im Alter von 57 Jahren. Die Ärzte hatten ihr noch gesagt, sie solle langsamer machen. Aber das konnte sie nicht. Ihr Freund Dr. Ree verstand das: „Frau Wüstenfeld wird keine Ruhe finden, sie müßte dann den Umgang mit sich selbst aufgeben."

Inge Grolle findet: „Wenn man sich mit ihrem Leben beschäftigt, spürt man richtig die Emanzipation von den Zwängen der Kirche, der Politik, der Hierarchie und des Geschlechts."

....

Erinnerungsorte:

Emilie Wüstenfeld lebte mit ihrem Mann lange Jahre in den Alsterarkaden 13 und am Holländischen Brook 15. Am Holländischen Brook 25 befand sich ihre Hochschule für das weibliche Geschlecht, am Großen Burstah 16 die erste deutsche Gewerbeschule für Mädchen. Im Bereich des Althamburgischen Gedächtnisfriedhofs des Ohlsdorfer Friedhofs wird auf dem Sammelgrabmal Hervorragende Frauen *an sie erinnert. Seit 1923 ist das Emilie-Wüstenfeld-Gymnasium an der Bundesstraße 78 nach ihr benannt.*

Geseke Cletzen, dargestellt auf dem Gemälde „Maria im Ährenkleid" von Hinrik Funhoff.

GROSSER EINSATZ FÜR DIE ARMEN

„Hospital nur für Frauen"

G eseke Cletzen ist reich. Und unglücklich. Ihre beiden Kinder sind tot, sie ist zweifache Witwe, nur der weltliche Besitz ist ihr geblieben. Geseke Cletzen weiß, wie sich Not anfühlt. Sie kennt die Not des Herzens, der Einsamkeit, des unendlichen Verlustes. Vielleicht ist das der Grund, warum die wohlhabende Witwe ein Hospital gründet.

„Von ihrer Familie war ihr ein anderer Lebensweg vorbestimmt", stellt ihre Biografin Dr. Silke Urbanski fest. Sie erforschte das Leben der Geseke Cletzen, nachdem sie in einer Kirchengeschichte des 18. Jahrhunderts auf deren Hospitalsgründung stieß. Die nächste Quelle, die Silke Urbanski fand, war eine Legende über Geseke, aufgeschrieben im 19. Jahrhundert. Danach hat die Hamburgische Geschichtsschreibung diese wagemutige Frau vollends vergessen. Dies galt es zu ändern.

Geseke steht eigentlich auf der Sonnenseite des Lebens. Was es bedeutet, Not oder Hunger leiden zu müssen, weiß die Tochter des erfolgreichen Ratsmitglieds, Englandfahrers, Händlers und Kämmerers Albert Schreye nicht. Sie wächst behütet auf, und als sie im heiratsfähigen Alter ist, gibt ihr Vater sie dem unbedeutenden Ratsherrn und Kaufherrn Siegfried Clingspor d. Ä. zur Frau.

Dr. Silke Urbanski hat sich intensiv mit Geseke Cletzen beschäftigt.

Silke Urbanski glaubt, dass der Vater die Ehe durchaus auch aus politischem Kalkül in die Wege leitete: „Mit Sicherheit baute Albert Schreye damit seine eigene Hausmacht im Rat aus", meint sie. Ob Geseke glücklich ist? Zu ihrer Zeit ist nicht die Liebe die notwendige Grundlage für eine Ehe, sondern die soziale Nähe. Die Brautmütter haben viel Einfluss auf die Auswahl der Ehegatten, so bestimmt auch Gesekes Mutter. Fest steht, dass ihr Gatte in etwa doppelt so alt ist wie sie, schon einmal verheiratet war und einen Sohn hat. Auch Geseke schenkt ihm zwei Kinder. Und dann muss sie unendliches Leid erfahren: Nach dem Tod ihres Mannes im Jahr 1406 sterben 1410 auch ihre beiden Kinder, vermutlich an einer Krankheit. Wahrscheinlich im selben Jahr heiratet Geseke zum zweiten Mal. Es ist ein Jahr, in dem die ganze Stadt Hamburg Kopf steht, und zwar nicht zuletzt wegen Gesekes neuem Mann!

Dr. Silke Urbanski berichtet: „Nach der unrechtmäßigen Verhaftung eines freien Bürgers, der lauthals sein an den Herzog von Sachsen verliehenes Geld zurückgefordert hatte, brodelte es in der Stadt. Fünfzehn Männer aus jedem Kirchspiel schlossen sich zu einem Sechziger-Ausschuss zusammen." Einer dieser Männer ist Johann Cletzen, Gesekes neuer Gatte, ein eher armer Mann, „Stadtreiter und Händler mit geringen Mengen von Tuchwaren, Sohn eines Stadtreiters, der Felder pachtete und beackerte", wie Silke Urbanski berichtet.

Er wird eine zentrale Rolle spielen und zum Wortführer werden: „Ihm und den Sechzigern gelang es, dem Rat eine Vereinbarung mit Gesetzeswirkung abzuringen, einen Rezess", so Urbanski. Dessen Inhalt: Künftig muss der Rat die Bürger in Kriegs- und Steuerfragen auf dem Laufenden halten und sie in Verhandlungen, die die Außenbeziehungen der Stadt betreffen, mit einbeziehen. Eine besonders wichtige Neuerung: Bevor ein Bürger gefangen gesetzt wird, muss er rechtskräftig verurteilt sein. Wenn sich ein Bürger über einen Mitarbeiter des Rats beschwert, muss diese Beschwerde ernst genommen und zügig bearbeitet werden. Und dann werden noch zwei Details, die Nahrung betreffend, ausgehandelt. Erstens: Der Rat muss die Bierqualität überwachen. Zweitens: „Die armen Kranken auf dem Steg zu St. Georg sollten regelmäßig versorgt werden und auch Gemüse erhalten. All das haben Johann Cletzen und der Rat der Sechziger erreicht oder sie verhandeln noch darüber", erzählt Silke Urbanski, „als Johann und Geseke heiraten."

„Die armen Kranken auf dem Steg zu St. Georg sollten regelmäßig versorgt werden auch Gemüse erhalten. All das haben Johann Cletzen und der Rat der Sechziger erreicht oder sie verhandeln noch darüber, als Johann und Geseke heiraten."

Und Johann Cletzens Karriere wird weitergehen: 1411 wird er als erster Sechziger Ratsmitglied. Dem Ehepaar geht es gut, sie kaufen mehrere Brau- und Wohnhäuser. 16 Jahre vergehen so – dann, 1426, bricht der Dänisch-Hanseatische Krieg aus. Und wieder kommt Johann Cletzen eine wichtige Rolle zu: Seite an Seite mit Simon von Utrecht, einem jungen Ratsherrn und Seekrieger, ist er der Anführer der hamburgischen Truppenteile. Dann passiert ein Unglück, eine

Unachtsamkeit, man könnte es auch Dummheit nennen. Silke Urbanski beschreibt das so: „Am Abend vor Himmelfahrt gaben die Führer des Hamburger Heeres Bier an ihre Truppen aus. Die Betrunkenen schossen mit Feuerpfeilen auf das belagerte Flensburg und lösten dadurch einen Alarm aus. Herzog Heinrich von Schleswig führte daraufhin unbedacht und ungeplant einen Sturmangriff gegen die Stadt an und kam dabei ums Leben." Die Hamburger erleiden eine Niederlage, Bürgermeister Hein Hoyer gerät zusammen mit einigen Ratsmitgliedern und Seeleuten in Gefangenschaft der Dänen, ein Schuldiger wird gesucht – und Cletzen kommt da gerade recht.

Der Vorwurf: Er habe den Angriff ganz bewusst eingeleitet. Außerdem geht das Gerücht um, er sei Parteigänger der feindlichen Dänen. Johann Cletzen, der ehemals aufrührerische Sechziger, der dann zum verlässlichen Ratsherren und Vormund zahlreicher Hamburger Frauen wurde, wird ins Gefängnis geworfen. Um das Geständnis Cletzens zu erlangen, dass er schuld an der Niederlage sei und den Angriff bewusst herbeigeführt habe, wird er peinlich befragt, also gefoltert. Monate vergehen. Doch Johann Cletzen gesteht mitnichten. Das hilft ihm jedoch nichts. Ohne rechtskräftiges Urteil lässt der Rat ihn hinrichten. Am Morgen des 16. Januar 1429 wird er

„Zwanzig Bewohnerinnen beherbergte das Haus in einer der besten Gegenden Hamburgs. Es war das erste Hospital nur für Frauen im Hanseraum."

geköpft. Seinen Nachlass hatte er da in engem Austausch mit seiner Frau bereits geregelt: Sein gesamter Besitz, so haben sie es vereinbart, soll einer religiösen Stiftung zu Gute kommen.

Noch im Jahr seines Todes macht Geseke sich daran, den letzten Willen ihres Mannes umzusetzen. Ein Hospital soll es werden, ein Haus, in dem entlassene Mägde und arme Witwen, Einsame und Alte, Aufnahme finden. „Zwanzig Bewohnerinnen beherbergte das Haus in einer der besten Gegenden Hamburgs. Es war das erste Hospital nur für Frauen im Hanseraum!", sagt die Historikerin. Diese Frauen wohnen dort nicht nur, sie werden auch versorgt: Eine Meisterin, zwei Mägde und ein Bäcker kümmern sich um sie, verwaltet wird das Haus von der Brüderschaft St. Elisabeth.

„Geseke war Gründungsmitglied", unterstreicht Urbanski, „außerdem errichtete sie eine Kapelle in der St. Nikolai Kirche. Brüderschaft und Kapelle hatten in erster Linie das Gedächtnis der Gefallenen der Feldzüge zum Ziel."

Geseke ist immer noch eine vermögende Frau. Silke Urbanski hat genau recherchiert, wie dieses Vermögen sich im Jahr 1443 zusammensetzt: „Sie verfügte über Haushaltsgeräte aus wertvollen Materialien, viele Kleidungsstücke, sechzehn Mark in Salzrenten, mehr als zwanzig Mark und acht rheinische Gulden Barvermögen." Und sie hat ihren Wohlstand dafür verwendet, anderen Menschen zu helfen und ihre Not ein wenig zu lindern. Denn was Not ist – wenn auch nicht materieller Art –, das musste Geseke in ihrem Leben bitter erfahren. Zwei Ehemänner und zwei Kinder hat sie beerdigt. Einen solchen Schmerz und einen solchen Verlust kann kein Geld der Welt aufwiegen.

„Sie verfügte über Haushaltsgeräte aus wertvollen Materialien, viele Kleidungsstücke, sechzehn Mark in Salzrenten, mehr als zwanzig Mark und acht rheinische Gulden Barvermögen."

....

Erinnerungsorte:

Geseke Cletzen wohnte am Großen Burstah 57 und gründete in ihrem Haus das Ilsabeen Huus (Hospital zu St. Elisabeth), benannt nach der Mutter Johannes des Täufers. Es wurde 1531 ins Maria-Magdalenen-Kloster verlegt.

Königin der Reeperbahn
St. Paulis großes Herz

D omenica Anita Niehoff war ein Sonntagskind. Und Sonntag heißt auf italienisch Domenica. So kam die Tochter eines italienischen Vaters zu ihrem Namen. Dass Sonntagskinder Glückskinder sind – dieses Gerücht stimmt im Hinblick auf Domenica allerdings nicht. „Ihr Vater war gewalttätig, die Mutter spielsüchtig", sagt Dr. Christina Linger, die Domenica nie persönlich kennengelernt hat, aber in der Nähe lebte und sie aus der Ferne beobachtete. Nicht das kleine, unglückliche Mädchen, sondern die Frau, die Domenica später war: Deutschlands berühmteste Prostituierte, die für die Rechte der Huren kämpfte, ein großes Herz hatte, immer mehr gab, als sie hatte, und mit der sich unzählige Prominente fotografieren ließen.

Tania Kibermanis schreibt in einem sehr feinfühligen Aufsatz: „Ein Foto mit Domenica war der Garant für die eigene Freizügigkeit, eine fast amtliche Bescheinigung, dass man neben ihr unzweifelhaft zur Bohème gehörte. Sie war für die meisten, die auf den zahlreichen Bildern neben ihr posieren, das Ticket für einen Trip aus der eigenen Bürgerlichkeit, mitten rein ins bunte Land der Verwegenheiten, fernab der herrschenden Moral. Die Platzreservierung für die Rückreise natürlich inklusive." Jedoch: „Nach dem Ende der Vorstellung begaben sich die Herrschaften zurück in ihre gesicherten Existenzen, und Domenica, die Hure, blieb sich selbst überlassen."

Ihre unglückliche Kindheit verbringt Domenica in Köln, vier Jahre ist sie alt, als ihre Mutter sich von dem gewalttätigen Vater trennt. Da die Mutter spielsüchtig ist und mehrfach wegen Betrugs verhaftet wird, kommt Domenica, ebenso wie ihre Schwester Angelina und ihr Bruder Amado, in ein katho-

Domenica war Hamburgs berühmteste Hure.

lisches Waisenhaus, wo sie die nächsten zehn Jahre ihres Lebens verbringt. Still ist die Kleine und, wie aus ihrer Akte hervorgeht, „stets hilfsbereit und verträglich". Gut in der Schule. Und traurig ist sie, sehnsüchtig wartet sie auf jeden Brief von zu Hause. Wie der NDR berichtet, sagte sie Jahrzehnte später, dass sie schlichtweg Angst gehabt habe. Vor dem Leben. Und vor ihrer Mutter.

„Dann holte die Mutter Domenica aus dem Heim und ging mit ihr nach Hamburg", sagt Christina Linger. „Die beiden sind auch über die Reeperbahn gegangen und die Männer haben sich nach Domenica umgedreht. Das hat der Mutter nicht gepasst. Domenica wollte dort bleiben, da gab die Mutter ihr eine Ohrfeige. Im Nachgang hat Domenica gesagt: Hätte ich mal auf meine Mutter gehört."

Christina Linger steht hinter der Grabsäule von Domenica Niehoff, auf welcher deren Konterfei abgebildet ist.

Sie macht eine Ausbildung zur Buchhalterin. Als sie 17 Jahre alt ist, lernt sie ihren Freund kennen, einen Bordellbesitzer. Der ist 25 Jahre älter als sie und reich. Sein Bordell spült ihm viel Geld in die Kasse, das Paar lebt auf großem Fuß – dass sie anschaffen geht, erwartet er nicht von ihr. Das reine, strahlende Glück ist es aber nicht: Er leidet unter Depressionen und unter Tablettensucht. Und dann, Anfang der 1970er-Jahre, verliert er alles: Die Privatbank, bei der er sein Vermögen angelegt hat, meldet Insolvenz an. „Er hat sich vor ihren Augen erschossen", erzählt Christina Linger weiter. Nun hat sie nichts mehr. Keinen Mann, kein Geld, keinen, der eine schützende Hand über sie hält. Einsam und verloren ist sie, wie seinerzeit im Kinderheim.

Ihr Ausweg: Prostituierte werden. Das ist eine Welt, die ihr vertraut ist. Sie lernt einen Mann kennen, auch er ist Zuhälter, auch er hat Geld, aber im Unterschied zu ihrem ersten Partner will er, dass sie anschaffen geht. Ihr Geschäft brummt. Manche Freier missverstehen ihren Namen, sie verwechseln Domenica mit Domina. Ihr Zuhälter treibt sie zu immer neuen Aufträgen an. Noch ein Kunde. Und der nächste. Domenica ist genervt, sie fühlt sich ungerecht behandelt. Wie der NDR berichtet, habe ihr Mann, „stadtbekannter Wirt des Lokals ‚Ritze' […] ihr damals bei der Arbeit heimlich zugesehen und es genossen. Sie habe das mitgemacht, ‚um ihm meine Liebe zu beweisen'." Das erträgt sie nur mit Alkohol, „ich soff mich jeden Tag ins Koma", schreibt sie. Und sie kämpft nun für die Legalisierung der Prostitution, für mehr Rechte der Huren. Da ist sie lange schon eine Legende: Künstler erheben sie zur Muse, sie wird bedichtet und besungen.

Bis ins Jahr 1990 arbeitet sie als Prostituierte, dann ist Schluss damit, 1991 nimmt sie ihre Arbeit als Streetworkerin in St. Georg auf. 2.500 Mark im Monat verdient sie als Angestellte der Sozialbehörde. „Sie initiierte das Hilfsprojekt *Ragazza* und kümmerte sich um drogenabhängige Mädchen, die auf den Straßenstrich gehen. Sie hatte immer vier bis sechs Mädchen bei sich wohnen, verpflegte sie und bemutterte sie", sagt Christina Linger, „sie gab ihnen Nähe, Menschlichkeit und Hilfe."
Es ist schön, gebraucht zu werden. Und nur zu gut kann sie sich in die Lage derer versetzen, um die sie sich kümmert. Sie weiß ja, wie es ist, eine Prostituierte zu sein. Sie weiß, wie es ist, seinen Körper zu verkaufen – wie sich Verlassenheit anfühlt. Und Einsamkeit. „Selbst wenn Domenica Zeit ihres Lebens Stärke und Stabilität ausstrahlte – das hatte sie mit allen anderen Huren gemein: Eine tiefe Traurigkeit und die frühe Erfahrung von Vertrauensverlust und Verlassensein", schreibt Tania Kibermanis. Und: „Auch als Streetworkerin blieb sie Domenica – hilfsbereit bis weit über ihre Schmerzgrenze. Ohne den Schutz der so genannten Professionalität, offen bis tief unter die Haut." Ihre Wohnung ist voll. Voll mit Menschen, voll mit Zwischenmenschlichkeit, voll mit Dingen, die sie auf dem Flohmarkt findet und mit denen sie sich umgibt. Später sagt sie über diese Zeit: „Ich habe eben einen Sprachfehler. Ich kann nicht Nein sagen. Das kommt von meinem alten Beruf."
Jeder kennt sie auf St. Pauli: „Ihre raue Stimme war schon von weitem zu hören, so rau, als hätte sie sich am Leben hier schrundig

gerieben. [...] Ein Lachen, das Räume füllen konnte. Rasselnd von den vielen Kippen, die sie täglich rauchte. Eine große Seele, die jeden, der ihr begegnete, in ihr Herz einlud. Aber auch grantig konnte sie werden, pöbeln und keifen, wenn ihr einer dumm kam. Auch da war sie grenzenlos", so Kibermanis. Grenzen setzt sie sich selbst, was Alkohol und Drogen angeht. Acht Jahre lang ist sie clean. Dann übernimmt sie jedoch 1998 eine Kneipe, das „Fick" am Fischmarkt – und wird rückfällig. Die Kneipe läuft nicht wirklich, zwei Jahre nach der Eröffnung wird sie zwangsgeräumt.

„Als 2001 ihr Bruder starb, versuchte sie den Absprung ins bürgerliche Leben zu schaffen und zog in dessen Haus in der Eifel", sagt Christina Linger. Doch das ist nicht ihrs, das ist nicht ihr Leben. Die Frau, die immer von Menschen umgeben war, immer im Gespräch, immer in Kommunikation, vereinsamt völlig. Sieben Jahre hält sie aus, dann kehrt sie zurück auf den Kiez, in ihren Lebensraum, die Talstraße, alt ist sie geworden und dick. „Eine kugelsichere Weste, wie eine doppelte Haut als Schutz vor weiteren Verwundungen", schreibt Kibermanis. Und wieder hilft sie Bedürftigen. Unermüdlich. Sie gibt und gibt und gibt, nicht mehr ihren Körper, schon lange nicht mehr, aber Geld, das aus dem Verkauf des Hauses ihres Bruders geblieben ist. Es geht ihr gesundheitlich nicht gut. Immer wieder plagen sie heftige Hustenanfälle, kein Grund für Domenica, das Rauchen einzustellen. Am 12. Februar 2009 stirbt sie in Altona. Tania Kibermanis: „Zum Schluss war ihr Gesicht das einer Hundertjährigen, ihr Herz eins mit Brüchen, Narben und Furchen. Ein Herz wie eine Heimat, vertraut und voller Seele."

Erinnerungsorte:

Domenica Niehoff lebte in der Talstraße, ihre Wirkungsstätte war die Herbertstraße 69. Sie ist im Garten der Frauen, Ohlsdorfer Friedhof, Fuhlsbüttler Straße 756, bestattet. 2016 wurde die Domenica-Niehoff-Twiete in Altona-Nord nach ihr benannt.

Gyula Trebitsch, - Filmproduzent, mit Ehefrau Erna Sander (l), Sohn Markus Gyula und Tochter Katharina (r).

WÄRME. EINFACH WÄRME.

Mit der Vernunft des Herzens

Erna Sander ist eine Frau, die man gern gekannt hätte. Wenn ihre Tochter, die Produzentin Katharina Trebitsch, von ihr spricht, entsteht das Bild einer herzenswarmen, lebendigen, ungewöhnlichen Person. „Sie hat mit der Vernunft des Herzens gelebt", charakterisiert ihre Tochter die bekannte Kostümbildnerin, die im Zweiten Weltkrieg im Widerstand aktiv war.

Erna Sander legt in jungen Jahren viele Kilometer per Pedes zurück: Während die anderen Kinder mit der Straßenbahn fahren, läuft sie jeden Tag zwischen einer und zwei Stunden in die Klosterschule in Hamburg. Geld für die öffentlichen Verkehrsmittel gibt es nicht, der Weg von Rothenburgsort, dem Hafenarbeiterviertel, in dem sie aufwächst, ist lang. Ihre Mutter, die Schwimmerin Louise Otto (1896-1975), und ihr Vater trennen sich früh, die kleine Erna lebt von da an bei ihren Großeltern. Später engagiert sich Erna politisch, tritt in die KPD ein, ist im Widerstand aktiv und flieht, als die Nationalsozialisten an die Macht kommen, zunächst nach Wien, dann nach Prag und schließlich nach Paris. In jenen Jahren erwirbt sie die Kenntnisse einer Schneiderin und Kostümbildnerin, heiratet den Produzenten Walter Koppel (1906-1982). Und sie engagiert sich weiterhin aktiv gegen die Nazis. „Paris war dann die Endstation", sagt ihre Tochter, „sie wurde beim Verteilen von Flugblättern im besetzten Paris verhaftet." Zunächst wird sie in einem Lager in Südfrankreich interniert und dann nach Hamburg überführt. „Ein Jahr war meine Mutter im Untersuchungsgefängnis inhaftiert. Dann wurde sie entlassen – sie hatte Glück: Der Zeuge, der für ihren Prozess aussagen sollte, wurde für einen anderen Prozess gebraucht, der wichtiger war als der ihre."

Nach dem Krieg arbeitet Erna Sander beim Flora-Theater als Kostümbildnerin. Inzwischen von Walter Koppel geschieden, lernt sie ihren späteren Gatten Gyula Trebitsch (1914-2005) kennen, der gemeinsam mit Ernas Ex-Mann die Real-Film-GmbH gründet. Beide Männer waren als Juden von den Nationalsozialisten verfolgt worden, Gyula war im Konzentrationslager, seine beiden Brüder wurden von den Nazis ermordet.

Zwischen den Erna und Gyula gibt es ein unerschütterliches Vertrauen, basierend auf den politischen Erfahrungen und der Position, die Erna Sander bezogen hat. „Er hat ihr als Jude in Deutschland vertraut und sie ihm als einem Menschen, mit dem es Sicherheit nach all der Unruhe in ihrem Leben geben wird", charakterisiert Katharina Trebitsch die Beziehung ihrer Eltern.

„Das waren zwei selbstständige Menschen, auf Augenhöhe miteinander, da hat sich keiner untergeordnet."

Gulya und Erna sind ein gutes Team: Ihre Ehe ist bunt und lebendig. Und unerschütterlich. „Das waren zwei selbstständige Menschen, auf Augenhöhe, da hat sich keiner untergeordnet." Sie diskutieren eifrig. Miteinander, mit ihren Kindern. „Wir saßen zu fünft am Tisch, aber hatten sicher mindestens sechs Meinungen", blickt sie zurück. „Es war viel Unruhe, aber das war ein sehr gutes Training für die Überraschungen im Leben, auch wenn ich als Kind manchmal dachte, es könnte etwas ruhiger sein. Harmoniesoße gab es nicht bei uns, stattdessen Verläßlichkeit."

Gulya und Erna sind nicht nur ein Paar, sondern auch Kollegen: Sie entwirft die Kostüme für zahlreiche seiner Filme, immer ist sie berufstätig, auch dann, als ihre drei Kinder geboren werden: Katharina, Markus und Ulrike. „Es gab zwar Haushaltshilfen, aber trotzdem hat sie den Laden geschmissen, manchmal provisorisch, nicht mit Perfektionismus, aber immer mit Einfallsreichtum und viel Liebe", sagt Katharina Trebitsch. „Es war immer ein offenes Zuhause für Gäste, für Freunde, es war immer etwas zu essen da, möglicherweise aus der Dose, aber egal, es ging nicht um Haute Cuisine, sondern um's Zusammensein." Erna Sander, oder Erna Trebitsch, wie sie jetzt heißt, ist eine besondere Mutter. Nicht perfekt in dem Sinne, dass der Tag durchstrukturiert ist – im Gegenteil, sie hasst es, etwas auf lange Sicht zu planen. „Aber da war Wärme. Absolut Wärme. Es gibt Sätze von ihr wie: Für euch würde ich vom Michel springen, und wir Kinder haben ihr das geglaubt", sagt Katharina Trebitsch, die spätere Produzentin, die die Welt des Films schon als kleines Mädchen kennenlernte. „Wenn meine Mutter ganz früh morgens in's Atelier zum Arbeiten musste, habe ich an ihrem Rockzipfel gehangen und geweint: Da hat sie hat mich mitgenommen und ich saß immer dabei. Sie gab mir das Gefühl des absoluten Geborgenseins."

Erst als Erna Sander Mitte/Ende 50 ist, hört sie auf zu arbeiten. „Mein Vater realisierte sehr früh die Zukunft des Fernsehens und beendete seine Kinoaktivitäten. Da sagte meine Mutter: Ein guter Zeitpunkt für mich aufzuhören." Doch sie bleibt engste Beraterin ihres Mannes. Und ihre künstlerische Ader lebt sie weiter aus – die wird auch im Zuhause der Trebitschs sichtbar: „Es war immer schön bei uns", sagt Katharina Trebitsch. „Das Esszimmer war in Rot-Weiß, ein anderes Zimmer in Grün gehalten. Sie hat ihren Farbensinn spielen lassen." Dazu gibt es noch eine andere Geschichte: „Ich habe so gerne Grün und Blau getragen als Kind – und bin so in die Schule gegangen. Dort haben sie mich ausgelacht und gesagt, diese Farben würden sich beißen. Ich habe das meiner Mutter erzählt, und sie sagte nur: Die sollen sich mal auf eine Blumenwiese stellen und sich anschauen, wie das dort mit den Farben ist." Ja, Erna hat ein feines Gespür für Farben und dafür, wie sie aufeinander wirken. Und auch auf sich selbst versteht sie, dieses Geschick anzuwenden: „Sie konnte elegant sein, wenn sie wollte und musste, aber dann war alles perfekt", bescheinigt ihr ihre Tochter. „Selbst Helmut Schmidt hat das im Nachruf auf meinen Vater erwähnt – und auch von ihren vielen Hüten gesprochen."

Dabei sei sie aber überhaupt nicht von Äußerlichkeiten abhängig oder materiell orientiert gewesen. „Wenn sie etwas hatte, das mir gefiel, habe ich es sofort bekommen. Sie hat durch den Krieg so viel Vergänglichkeit und Verlust kennengelernt, daß sie uns immer wieder gesagt hat: lebt jetzt, macht aus diesem Moment etwas", sagt Katharina Trebitsch. Eine Haltung, mit der Erna ihrer Zeit voraus war. „Wir Kinder sind im Gegensatz zu ihr in sehr guten Verhältnissen aufgewachsen, aber es gab bei ihr nie die Sorge, uns zu sehr zu verwöhnen. Ihr Kommentar dazu: Macht euch keine Sorgen, Armut braucht man nicht zu trainieren. Wenn es so weit ist, kommt ihr damit zurecht", sagt Katharina Trebitsch. Ihre Mutter habe ihr vermittelt, dass Dinge vergänglich sind und dass man wach sein muss im Leben. Ihre Botschaft: Hab Vertrauen in dich und in die Menschen um dich herum. Veränderung gehört zum Leben.

Je mehr Zeit seit dem Tod Erna Sanders vergangen ist, desto klarer werden für die Tochter die Konturen ihrer Mutter: Angstfrei dem Leben und seinen Veränderungen gegenüber und ausgestattet mit einem unerschöpflichen Reservoir an Liebe für die Kinder.

Erinnerungsort:

Die Familie lebte in der Rantzaustraße 7. Ein Grab gibt es nicht, Erna Sander wünschte, dass ihre Asche ins Meer gestreut werde. So sollte es für die Kinder möglich sein, an allen Orten, wo Wasser ist, an die Mutter zu denken – nicht gebunden an einen Ort auf dem Friedhof.

Wie unzählige andere Frauen musste Abelke Bleken auf dem Scheiterhaufen sterben. Diese Abbildung zeigt die Hinrichtung von drei Hexen am 4. November 1585.

DER HEXEREI BESCHULDIGT

Tod auf dem Scheiterhaufen

Ihr Tod ist grauenhaft: Am 7. März 1583 zwingt der Hamburger Büttel Abelke Bleken auf den Scheiterhaufen und verbrennt die verzweifelte Frau, die zuvor grausam gefoltert worden ist. Ihr wird vorgeworfen, sich der Hexerei schuldig gemacht zu haben. Für Dr. Roswitha Rogge, die sich ausführlich mit Abelke Bleken beschäftigt und über sie publiziert hat, ist ihr Schicksal „prototypisch für viele Frauen, die während der Frühen Neuzeit denunziert, angeklagt und verhört wurden und schließlich gestanden, mit dem Teufel im Bunde zu stehen."

Die Bäuerin Abelke Bleken wohnt am Ochsenwerder Norderdeich, etwa neun Hektar umfasst ihr Gut. Dort lebt sie ein glückliches Leben. Einer Überlieferung zufolge soll sie sogar die Tochter eines reichen Bauern gewesen sein, wunderschön, und sich jedem Freier entzogen haben, weil sie ihr Herz einem Soldaten versprochen habe, der aber nie zu ihr zurückkehrte.

1570 nimmt das Unglück seinen Lauf: An Allerheiligen bricht eine Flut über Norddeutschland herein, die als die schlimmste Flut des 16. Jahrhunderts in die Geschichte einging. Roswitha Rogge meint, dass „in der Folge Abelke und ihre Nachbarn vermutlich nicht mehr in der Lage waren, ihre Grundstücke selbst zu unterhalten und den Deich zu pflegen". Deshalb muss sie ihr Grundstück an den Hamburger Ratsherrn Johann Huge verkaufen. Doch ihr Unglück setzt sich fort: Der Landvogt Dirck Gladiator, in anderen Quellen Dirick Kleater genannt, pfändet auch noch ihren Kessel. Roswitha Rogge unterstreicht: „Ein Kessel war in der Frühen Neuzeit nicht nur ein zentraler Haushaltsgegenstand, sondern unter Umständen ein repräsentatives Erbstück." Abelke ist wütend. Von der Ehefrau des Vogts fordert sie die Herausgabe des Kessels, doch die weigert sich. Die Bäuerin zeigt ihre Wut. Dem Vogt Gladiator sagt sie, er solle „dies auf dem Bett büßen".

Sodann zieht das Unglück auch bei dem Vogt ein: Sein Vieh stirbt, Menschen werden krank, seine Frau ereilt der Tod. Man braucht einen Sündenbock, und da kommt Abelke Bleken gerade recht: Schließlich hat sie ihm alles Schlechte gewünscht und Grund, ihm zu zürnen, sich an ihm zu rächen. Sie wird als Hexe verhaftet und peinlich befragt, das heißt, gefoltert. „Die soziale Situation, in der Abelke lebte, war geprägt von der Bedrohung ihrer Lebensgrundlage durch die Natur und von den Konflikten mit den Mächtigen im Ort", ord-

„Die soziale Situation, in der Abelke lebte, war geprägt von der Bedrohung ihrer Lebensgrundlage durch die Natur und von den Konflikten mit den Mächtigen im Ort."

net Rogge ein. „Das Motiv der Rache schien in ihrem Fall nur allzu plausibel." Wie die Historikerin schreibt, gesteht Abelke, „dass sie sich, zusammen mit ihrer Nachbarin Gesche Schwormstedt, am Ratsherrn Huge rächen wollte und dass sie mit einem Stab in aller Teufel Namen

Löcher in den Boden gestochen habe – so viele Löcher wie Ochsen, deren Tod Johann Huge später zu beklagen hatte." Weiter gesteht sie, Huges Kälber mit Rattengift getötet zu haben. Außerdem habe sie, wie Rogge berichtet, einen „Wollgürtel genommen, in aller Teufel Namen Knoten in die beiden Enden geschlagen und Haare des Vogts und Fingernägel der Vögtin hineingebunden. Der Gürtel sei von ihr in den Pferdestall gelegt worden, ,damit der Vogt in Krankheit bleiben sollte' – bis der Gürtel gefunden und die Knoten gelöst seien". Der Vögtin habe sie „eine Suppe aus Kohl und Warmbier gegeben, versehen mit dem Hirn einer Katze, die sie in des Vogtes Haus in aller Teufel Namen totgeschlagen habe. Die Vögtin sei am dritten Tag krank geworden und bald danach gestorben". Mit dem Teufel, so gesteht die gepeinigte Frau unter den Schmerzen der Folter, habe sie einen Pakt geschlossen, sich dem Satan ergeben und auch Geschlechtsverkehr mit ihm gehabt.

Der Fall der armen Abelke Bleken ist kein Einzelfall: In den Jahren 1444 bis 1642 werden in Hamburg mindestens 40 Frauen und einige Männer wegen Hexerei verurteilt. Seit 1270 habe der „Schadenszauber" im hamburgischen Stadtrecht unter Strafe gestanden, berichtet Roswitha Rogge. „Der Teufelspakt wurde in der Neufassung von 1605 explizit erwähnt." Sie ergänzt: „Mit der Frühaufklärung endeten die Hexenprozesse; die sogenannten Tränke-Köchinnen und Wahrsagerinnen galten nun nicht mehr als reale Bedrohung, sondern als Betrügerinnen."

Allein: Für Abelke kam diese Novellierung zu spät.

....

Erinnerungsorte:

Auf dem Ohlsdorfer Friedhof gibt es einen Gedenkstein für alle Frauen, die in Hamburg Opfer der frühneuzeitlichen Hexenverfolgung wurden. Seit 2015 ist außerdem der Abelke-Bleken-Ring nach ihr benannt.

DIE FRAU MIT DER BAUMRATTE
und Mäuse zwischen den Fronten

*M*anche Soldaten haben sich im Zweiten Weltkrieg vielleicht über den einen oder anderen Kameraden aus Hamburg gewundert. Über jene Männer, die immer wieder auf den Boden starrten, vielleicht sogar hektische Bewegungen machten und dann etwas Winziges, Zappelndes festhielten: Sie fingen Mäuse. Man sollte meinen, dass Soldaten im Krieg wirklich andere Sorgen hatten, als Mäuse zu fangen, doch diese Männer wollten ihrer Kollegin im Zoologischen Museum, Erna Mohr, einen Gefallen tun. Die begeisterte Hamburger Zoologin hatte die Herren, als diese an die Front gerufen wurden, nämlich gebeten, ihr die kleinen Tiere nach Hause mitzubringen, auf dass sie deren Unterschiede untersuchen könne. „Ich finde die Vorstellung der mäusefangenden Soldaten herrlich", sagt Historikerin Dr. Rita Bake. Sie gilt als *die* Kennerin von Hamburgs Frauengeschichte, und als sie anfing, sich mit Erna Mohr zu beschäftigen, war sie auf Anhieb fasziniert: „Ich bin eine Hundeliebhaberin – und da war die Sympathie gleich da."

Als Erna Mohr, die sich schon in ihrer Kindheit für Tiere interessiert hat, ihre Kollegen bittet, ihr Mäuse von der Front mitzubringen, hat sie sich bereits einen hervorragenden Ruf von internationalem Rang erarbeitet. „Eigentlich war sie ja Lehrerin, aber sie begann schon im Alter von 18 Jahren im weltberühmten Zoologischen Museum am Steintorplatz, dort, wo heute ein großes Kaufhaus steht, Spinnen zu zeichnen, und arbeitete dort, zunächst nebenberuflich, immer weiter", sagt Rita Bake. Schnell macht sich die unermüdliche Frau, die sich für einen wissenschaftlich begründeten Umweltschutz einsetzt, einen Namen: „In dieser Zeit gelang es ihr, Altersbestim-

Erna Mohr liebte Tiere. Auch diesen kleinen Dackel.

mungen bei Fischen anhand von Ctenoidschuppen durchzuführen, das war eine wissenschaftliche Pionierleistung", sagt Rita Bake. „In der Fischforschung brachte sie es zu internationaler Anerkennung. Außerdem baute sie in der Museumsabteilung für niedere Wirbeltiere eine Sammlung auf."

Als ihr Chef sich 1934 in den Ruhestand verabschiedet, lässt Erna Mohr sich vom Schuldienst beurlauben und übernimmt im Museum die Abteilung für niedere Wirbeltiere. „Dort gestaltete sie die öffentliche Schausammlung neu und es zeigte sich, dass sie ein enormes didaktisches Talent hatte", erzählt Rita Bake über die Zeit des hauptamtlichen Engagements von Erna Mohr im Museum. Überhaupt ist es der Lehrerin ein großes Anliegen, ihr Fachwissen so verständlich wie möglich zu vermitteln und ihre Forschungen einer breiten Öffentlichkeit zugänglich zu machen. Immer weiter steigt Erna auf der Karriereleiter hinauf: 1936 übernimmt sie auch die Abteilung für höhere Wirbeltiere. „Damit hat sie nun die Verantwortung für entscheidende Teile der Schausammlung des alten Zoologischen Museums", unterstreicht Rita Bake die Bedeutung.

Rita Bake mit der steinernen Ratte.

Bei einem Bombenangriff im Jahr 1943 wird der Zoo getroffen und Erna Mohrs Sammlung weitgehend zerstört. „Davon ließ sie sich jedoch nicht entmutigen. Unmittelbar nach dem Krieg begann sie damit, ihre Sammlungen wiederaufzubauen", sagt Rita Bake. „Als Anerkennung für ihren Einsatz wurde sie am 1. Januar 1946 von der Hochschulverwaltung als Kustos der Wirbeltierabteilung des Zoologischen Museums übernommen."

Der Grundstock ihrer wissenschaftlichen Sammlung besteht noch heute. „Und auch darin lebt sie weiter: in den Etiketten an den

Sammlungsstücken. Die ließ sie nicht schreiben, das machte sie lieber selbst", unterstreicht Rita Bake und es klingt ein wenig feierlich.

Aber die hochdekorierte Frau, die unzählige Ehrungen erhielt und sich in ihrer Forschung auch und gerade den kleinen Dingen widmete, lebt auch in ihren rund 400 Veröffentlichungen weiter. „Gekleidet in einen Lodenmantel, mit Wanderschuhen an den Füßen und einer Einkaufstasche aus Plastik am Arm, in der ihre Manuskripte lagen, war sie zu ihren Verlegern gegangen, während zuhause in ihrer Wohnung ihre Dackel und eine große Menagerie aus Porzellantieren auf sie warteten", sagt Rita Bake schmunzelnd.

Und Erna Mohr hat noch weitere Schützlinge: verwaiste Babyfledermäuse zum Beispiel, die sie mit dem Babyschnuller großzieht. Und Baumratten. Der namhafte Zoologe Professor Wolf Herre schrieb dazu in seinem Nachruf: „Ich erinnere mich noch immer, wie Erna Mohr mit ihren dicken, großen Baumratten auf der Galerie des alten Zoologischen Museums umherwandelte, diese seltsamen Tiere belauschte und in ihren Eigenarten kennenlernte."

> *„Ich erinnere mich noch immer, wie Erna Mohr mit ihren dicken, großen Baumratten auf der Galerie des alten Zoologischen Museums umherwandelte, diese seltsamen Tiere belauschte und in ihren Eigenarten kennenlernte."*

Und weil Erna Mohr Baumratten so mochte, ziert auch eine große Sandstein-Baumratte ihr Grab im Garten der Frauen und wacht über die verstorbene große Tierliebhaberin.

....

Erinnerungsorte:

Erna Mohrs Grabstätte befindet sich auf dem Ohlsdorfer Friedhof im Garten der Frauen, Fuhlsbüttler Straße 756 (Historischer Grabstein). Sie lebte am Kraemerstieg 8 und arbeitete am Zoologischen Museum am Steintorplatz. Heute befindet es sich am Martin-Luther-King-Platz.

IM KAMPF GEGEN DIE APARTHEID
„Politik mit dem Einkaufskorb"

*S*ie ist Pietistin. In ihrer Welt wird nicht getrunken, nicht geraucht, der regelmäßige Kirchgang ist selbstverständlich. Dann kommt der Wandel. „Plötzlich ist sie eine radikale Feministin, sie hat geraucht, Wein getrunken und klargemacht, dass Frauen eben nicht an den Herd gehören", erzählt die Hamburgerin Elke Wrage, die Ada Ehmler in der zweiten Hälfte ihres Lebens kennenlernte. Nachdenklich blickt sie auf das Foto der kleinen Frau mit den kurzen Haaren, Brille und langem Mantel, die ein riesiges Schild in der Hand hält. „Kauft keine Früchte der Apartheid", ist darauf zu lesen. Auch Elke Wrage hat bei dieser Protestaktion gegen das südafrikanische Terrorregime mitgekämpft – sich Ada Ehmler angeschlossen. Und sie sagt, dass diese Frau eine mütterliche Freundin für sie wurde. Eine Verbündete im Kampf gegen Ungerechtigkeit und Rassismus.

Ada Ehmlers Weg im Kampf gegen die Apartheid führt über Gott: Die kleine Ada erblickt als Tochter des Ehepaars Böhme im Juli 1925 in Wilhelmshaven das Licht der Welt. Ihr Vater, ein Berufssoldat, wird wieder und wieder versetzt, was mehrere Umzüge für die fünfköpfige Familie zur Folge hat. Zwischendurch muss Ada auch bei einer Tante leben. „Das Elternhaus war pietistisch fromm, politischer Äußerungen enthielt man sich", schreibt Elke Wrage in einem Aufsatz über Ada Ehmler, den sie gemeinsam mit Karin Kluck verfasst hat. Ada selbst beschrieb ihr Elternhaus später als geprägt durch die „Predigt von Sünde und Gnade, von Schuld und Vergebung".

Eigentlich will das Mädchen Sängerin werden, Sopranistin. Und sie ist auch begabt, besteht 1942 ihre Aufnahmeprüfung

Kampf gegen die Apartheid - ausgefochten von einer Hamburgerin: Ada Ehmler.

am Hamburger Konservatorium. Doch es ist Krieg, Hungersnöte überall, nach Musik und Kultur gieren die Menschen zwar, aber erstmal müssen sie satt werden. „Ihre Eltern wollten, dass Ada etwas Seriöseres lernte, und deshalb musste sie bis Kriegsende auf die Höhere Handelsschule gehen", erzählt Elke Wrage weiter. In jener Zeit ist Ada auch Mitglied im Bund Deutscher Mädel (BDM). „Sie hat sich dann 1943 aber zurückgezogen, weil ihr klar wurde, was da eigentlich vor sich geht", sagt Elke Wrage. „Sie sagte damals auch, dass sie nie wieder beteiligt sein wolle an jedweder Art von Rassismus oder Unterdrückung. Ihre Mitgliedschaft im BDM mag auch ein Grund dafür gewesen sein, dass sie sich später im Kampf gegen die Apartheid engagierte. Eine Art Wiedergutmachung."

In Buxtehude wird sie bei der Sparkasse angestellt. Sie lernt, als sie 21 Jahre alt ist, den Pastorensohn Gottfried Ehmler kennen, den sie 1952 heiratet. Gemeinsam mit den drei Töchtern lebt das Ehepaar bis 1962 in Buxtehude, dann folgt der Umzug nach Finkenwerder in den Pamirweg. Er arbeitet im Flugzeugbau, sie als kaufmännische Angestellte beim Zoll. In Hamburg fühlt sich Ada Ehmler wohl. Sie mag die Weite, die diese Stadt ausstrahlt. Ada ist sich sicher: „Gottes Gericht, das ich verdient habe, wird durch den Opfertod Jesu abgewendet. Gottes Erbarmen ist mir sicher, wenn ich mich Jesus übergebe." Das habe sie auch auf ihre Rolle als Ehefrau und Mutter bezogen: „Zu dem Druck, andere Menschen vor der Verdammnis zu warnen und auf Jesus zu verweisen, damit sie mich im letzten Gericht nicht verklagen können, kommt die

Elke Wrage vor einer Stele für Ada Ehmler im Rahmen der Ausstellung „Frauen in der Reformation" der Evangelisch-Lutherischen Landeskirche.

Aufgabe, meine drei Kinder zu gläubigen Christen zu erziehen", schreibt sie.

Die Suche nach einem neuen Gottesbild und auch die Suche nach sich selbst in der Beziehung zu Gott habe sie geprägt, sagt Elke Wrage. Ebenso wie der Wille, „das eigene Leben in einer Atmosphäre von Freiheit und Anerkennung als Frau eigenmächtig zu gestalten und in einem breiteren gesellschaftlichen und sozialen Kontakt zu wirken". Sie will und wünscht Frieden und Gerechtigkeit und ist dabei immer wieder kritisch gegenüber sich selbst und ihren eigenen Gedanken. Und dann ein prägender Moment: Sie kommt zu der Erkenntnis, dass sie „von allen Seiten von Ihm und Seiner Liebe umgeben" ist. Und: „Aus dieser Geborgenheit kann ich nicht herausfallen." Das, sagt Elke Wrage, sei das Schlüsselerlebnis für Ada Ehmler gewesen, habe sie angetrieben, sich auch gesellschaftspolitisch zu engagieren und sich für die unterdrückten Menschen in Südafrika, die unter der Apartheid leiden, einzusetzen. Der Moment des Wandels, die Abkehr vom Pietismus.

Im April 1978 schließt sie sich dem Boykottaufruf der Evangelischen Frauen in Deutschland an und fordert lautstark dazu auf, keine Produkte aus Südafrika zu kaufen und Konten bei Banken, die mit Südafrika Geschäfte machen, zu kündigen. „Politik mit dem Einkaufskorb", deutlicher und gewaltloser Protest. Aus religiöser Überzeugung wollen die Frauen die Apartheid beenden und ein Zeichen gegen Rassismus setzen. Rassismus sei „die Verletzung der Menschenwürde und unserer eigenen Menschlichkeit", schreibt Ehmler. Und: „Wir wollten den schwarzen Schwestern unsere Betroffenheit und Solidarität durch konkretes Handeln zeigen."

Jeden Donnerstag von 17 bis 18 Uhr halten sie vor dem Südafrikanischen Konsulat Mahnwachen ab, sie gehen mit Infoständen auf Veranstaltungen, klären auf, informieren: über Zwangsumsiedlung, Folter und Inhaftierungen. Kritisch beobachtet von der Polizei und immer mit Gottfried im Schlepptau, Ada Ehmlers Mann. „Sie war sehr autoritär, auch ihrem Mann gegenüber", sagt Elke Wrage, „wenn etwas fehlte, musste Gottfried es holen."

Brigalia Bam vom Südafrikanischen Kirchenrat schreibt über die Arbeit von Ada Ehmler und ihren Mitstreiterinnen: „Diese Frauen wollten mit ganzer Kraft Rassismus und alle Formen von Diskriminierung ausschalten. Die Gruppe blieb das Gewissen der Menschen. Die öffentliche Meinung wurde mobilisiert. Menschen wurden informiert. Niemand in Deutschland konnte sich mit Nichtwissen entschuldigen."

Bis ins Jahr 1992 dauert Adas Kampf und sie gibt sich ihm mit ganzer Kraft hin. „Wenn sie etwas machte, machte sie es zu 150 Prozent", sagt Elke Wrage, „da war sie sehr pingelig." Anders als mit ihren Kleidern und ihrem Aussehen: „Das Bild, das sie manchmal bei ihren Demoveranstaltungen abgab, war schon etwas schräg", erinnert sich die Hamburgerin lächelnd. „Manchmal habe ich gesagt: So kannst du nicht gehen, aber sie hat nicht auf mich gehört." *Zugehört* habe sie aber schon: „Sie hatte immer offene Ohren für einen, sie ist einem nie ins Wort gefallen, sondern hat einen immer aussprechen lassen. Wenn *sie* dann aber anfing zu sprechen und für ihre Sache das Wort ergriff, dann strahlte sie so, dass sie alle sofort in ihren Bann zog."

„Sie hatte immer offene Ohren für einen, sie ist einem nie ins Wort gefallen, sondern hat einen immer aussprechen lassen. Wenn sie dann aber anfing zu sprechen und für ihre Sache das Wort ergriff, dann strahlte sie so, dass sie alle sofort in ihren Bann zog."

Sprechen und die Sprache – das war Ada Ehmler sehr wichtig. „Dass man sich richtig ausdrückt, war für sie von großer Bedeutung. Sie konnte sich maßlos über Fehler aufregen. Fehler fand sie unmöglich." Elke Wrage hält inne, betrachtet wieder das Bild, das Ada Ehmler zeigt, lächelt und sagt: „Ja, sie war schon etwas Besonderes."

....

Erinnerungsorte:

Ada lebte viel Jahre in Finkenwerder im Pamirweg 8. Ihr Grab befindet sich auf dem alten Finkenwerder Friedhof.

Ida Ehre war eine gefeierte Schauspielerin und als erste Frau Ehrenbürgerin der Hansestadt Hamburg.

HAMBURGS ERSTE EHRENBÜRGERIN
Mahnerin für den Frieden

D ie ältere Dame ist ausgesprochen liebenswürdig. Aufmerksam hört sie dem jungen Mädchen zu, das ihr von seinem Traum, Schriftstellerin zu werden, erzählt. Immer wieder begegnen sich die beiden bei gesellschaftlichen Anlässen. Das junge Mädchen ist fasziniert von der charmanten Seniorin. Wer sie eigentlich ist – ein Star, eine Berühmtheit – das hat sie lange nicht begriffen. Aber das war auch nicht wichtig. „Viele Jahre bevor ich überhaupt wusste, welche Größe Ida Ehre im Theaterleben war, hatte ich sie durch meinen Vater Michael Jary als unendlich liebenswürdige ältere Dame kennengelernt. Eine ganz bezaubernde Frau, die mir, einem jungen Mädchen, ihre ungeteilte Aufmerksamkeit schenkte", sagt die Hamburger Autorin Micaela Jary. „Mit dieser Ernsthaftigkeit, aber auch mit Humor und eben großer Liebenswürdigkeit werde ich sie in Erinnerung behalten."

Ihre Leidenschaft für das Theater entdeckt Ida Ehre, zweitjüngstes von sechs Kindern eines jüdischen Oberkantors, schon in ihrer Jugend. Erst 14 Jahre ist sie alt, als sie in Wien an der Akademie für Musik und darstellende Kunst mit der Ausbildung zur Schauspielerin beginnt. Sie debütiert als *Iphigenie* am Stadttheater Bielitz und hat anschließend Engagements in ganz Europa: Budapest zum Beispiel, aber auch Königsberg, Stuttgart und Berlin. Es ist ein schillerndes Leben, sie steht am Beginn einer ganz großen Karriere – und dann ist es auf einen Schlag vorbei, als die Nationalsozialisten an die Macht kommen. Ida Ehre erhält Berufsverbot, ist aber durch ihre Ehe mit dem arischen Frauenarzt Bernhard Heyde (1899-1978) geschützt. Es ist eine merkwürdige Beziehung: Heyde will sich zwar nicht scheiden lassen, ist jedoch deutschnational, will deshalb keinen Geschlechtsverkehr mehr mit seiner Gattin und nimmt sich eine Geliebte. Auch Ida hat bald einen Freund, Wolfgang, wie Gabriele Koch in ihrer *Frauenbiographieforschung* schreibt: „Damit begann eine ungewöhnliche Ehe, die erst mit dem Tod Dr. Heydes endete: Er selbst hatte jahrelang eine Freundin, und Ida Ehre lernte bald einen 12 Jahre jüngeren Mann kennen und lieben. 17 Jahre lebten alle drei in einer gemeinsamen Wohnung in Hamburg. Die Beziehung endete, als Wolfgang ihr ein Ultimatum stellte und sie sich für ihren Mann entschied."

Micaela Jary hat Ida Ehre noch persönlich gekannt.

Ida Ehre übersteht die so schwere Zeit während des Krieges vor allem durch die Liebe zu ihrer 1927 geborenen Tochter Ruth. Die Anfeindungen werden immer schlimmer, das Novemberpogrom von 1938 tut ein Übriges: Das Ehepaar entschließt sich, nach Chile auszuwandern. Das Schiff, das sie ins Exil bringen soll, wird jedoch mit Kriegsausbruch nach Hamburg zurückbeordert. Ida Ehre wird verhaftet, ins KZ Fuhlsbüttel gebracht und dort wieder und wieder verhört. „Sie hatte damals ständig Angst", sagt Micaela Jary. „Ihre Mutter und ihre Schwester wurden im KZ ermordet und nur durch ihre innige Liebe zu ihrer Tochter Ruth hat sie das überhaupt irgendwie überstanden."

1945 ist es vorbei. Endlich. Ida Ehre spielt wieder. Und wie sie das tut: Noch im selben Jahr eröffnet sie die Hamburger Kammerspiele in der Hartungstraße im Stadtteil Rotherbaum – in einem geschichtsträchtigen Theatergebäude: Das Haus war bis zu seiner „Arisierung" im Jahr 1941 vom Jüdischen Kulturbund genutzt worden.

Sie spielt bei Film und Fernsehen und macht auch als Sprecherin bei Hörspielen Karriere. Als sie 1989 stirbt, erscheint im *Hamburger Abendblatt* ein Nachruf von Bundeskanzler Helmut Schmidt (1918-2015), in dem er schreibt, sie habe „mit ganz einmaliger, unglaublicher Kraft in den von ihr geschaffenen Kammerspielen ein Theater gemacht, wie wir Hamburger es noch niemals vorher erlebt hatten. Denn sie öffnete uns den Blick auf die geistige Landschaft der Welt: Wilder, Anouilh, Sartre, Giraudoux, Gogol, Frisch und viele andere. [...] keinem Künstler schulden wir Hamburger mehr als Ida Ehre." Doch ihr eigentliches Verdienst ist das um den Frieden und die Freiheit – daher wird ihr 1983 das große Bundesverdienstkreuz überreicht.

Zwei Jahre später wird sie als erste Frau Ehrenbürgerin der Hansestadt, 1988 erhält

„Sie war eine unermüdliche Mahnerin, Warnerin und eine mutige Bekennerin. Und immer hat sie sich für den Frieden eingesetzt und aufgrund ihrer eigenen Geschichte gemahnt, dass man aus der Geschichte lernen soll."

sie die Ehrendoktorwürde der Universität Hamburg. Die Patriotische Gesellschaft schreibt in einer Publikation: „Für sie war es eine der ersten Bürgerpflichten, sich einzumischen und sich Gehör zu verschaffen. Sie war eine unermüdliche Mahnerin, Warnerin und eine mutige Bekennerin." Micaela Jary ergänzt: „Und immer hat sie sich für den

Frieden eingesetzt und aufgrund ihrer eigenen Geschichte gemahnt, dass man aus der Geschichte lernen soll."

Von all dem ahnte die kleine Micaela freilich nichts, als sie der großen Schauspielerin seinerzeit von ihrem Traum erzählte, Schriftstellerin zu werden. Micaela Jarys Traum wurde wahr, sie ist nun eine erfolgreiche Autorin, die sich historischen Romanen verschrieben hat – auch unter dem Pseudonym Michelle Marly – und sie trägt mit ihren Wortgemälden dazu bei, dass Geschichte präsent bleibt und nicht in Vergessenheit gerät. Darüber hätte sich Ida Ehre bestimmt außerordentlich gefreut. Und es wäre ganz in ihrem Sinne gewesen.

„Viele Jahre bevor ich überhaupt wusste, welche Größe Ida Ehre im Theaterleben war, hatte ich sie durch meinen Vater Michael Jary als unendlich liebenswürdige ältere Dame kennengelernt."

Erinnerungsorte:

Seit 9. Juli 2000 gibt es in der Altstadt einen Ida-Ehre-Platz. Er erstreckt sich zwischen Mönckebergstraße und Speersort. 2001 wurde die Jahnschule in Hamburg-Harvestehude in Ida-Ehre-Gesamtschule umbenannt, seit 2010 heißt sie Ida Ehre Schule. Ihr Grab befindet sich auf dem Friedhof Ohlsdorf, Ehrengrab Nr. 06, am südöstlichen Rand des Althamburgischen Gedächtnisfriedhofs.

Margarethe Milow ist eine der wenigen bürgerlichen Frauen des 18. Jahrhunderts, die ihre Lebensgeschichte aufgeschrieben hat.

NICHT STANDESGEMÄSS

Eine verlorene Liebe

Hamburg im 18. Jahrhundert. Margarethe E. Milow sitzt an dem kleinen, etwas wackeligen Schreibtisch, vor sich Papier, Tintenfass und Feder. Nachdenklich gleitet ihr Blick hinaus, verfängt sich an einer Schneeflocke und folgt ihr, bis sie den Boden berührt. Dann wendet sie sich wieder dem Papier zu, tunkt die Feder in die Tinte und beginnt zu schreiben, wie sie das immer tut in der stillen Zeit zwischen den Jahren. Sie schreibt auf, was im letzten Jahr geschehen ist. Für ihre Kinder.

„Margarethe E. Milow ist eine der wenigen bürgerlichen Frauen des 18. Jahrhunderts, die ihre Lebensgeschichte aufgeschrieben hat", sagt die Historikerin Dr. Rita Bake, die gemeinsam mit Dr. Birgit Kiupel auf der Grundlage von Margarethe E. Milows Aufzeichnungen ein Buch über deren Leben verfasst hat. Entdeckt hat sie die faszinierende Hamburgerin in den 1980er-Jahren. „Ich habe ein Seminar zu Nachlässen von Frauen gemacht und bin in der Vorbereitungszeit auch ins Staatsarchiv gegangen. Dort fand ich ein maschinenschriftliches Manuskript mit dem Titel *Margarethe E. Milow. Mein Leben. Ein Vermächtnis für meinen Mann und meine Kinder, erster Theil*, abgetippt im Jahre 1909 von einem Verwandten. Einige Jahre später erhielten wir per Zufall dann das lange gesuchte, fast vollständige, von Margarethe E. Milow mit eigener Hand geschriebene Original ihrer Lebenserinnerungen." Die beiden Frauen machten sich daran, mühsam die Handschrift zu entziffern.

Die Lebensgeschichte, die sich vor ihnen auftat, ist eigentlich, wie Bake findet, Stoff für einen Film: „Das ist auf der einen Seite eine ganz spannende Liebesgeschichte, aber auch eine Geschichte der Zwangsverheiratung und eines Frauenschicksals, das durch das patriarchale System der damaligen Zeit beeinflusst wurde", ordnet die Historikerin diesen Lebenslauf ein.

Der Anfang der Lebensbeschreibung handelt von Margarethes Kindheit und Jugend, die sie gemeinsam mit ihren neun Geschwistern in einem wohlhabenden Kaufmannshaushalt verlebt. „Sie beschreibt darin, wie eingeschränkt die Mädchen damals noch in ihren Rechten waren und dass sie das Haus nur zum Kirchgang verlassen durfte", erzählt Rita Bake. Was die Möglichkeit, Kontakte zum anderen Geschlecht zu knüpfen, ziemlich einschränkt. Doch Margarethe findet trotzdem den Mann ihrer Träume – im Kontor ihres Vaters, des Tran- und Heringshändlers Jakob Hinrich Hudtwalcker, dort verliebt sie sich in den jungen Kontorangestellten Octav.

Doch dieser Sohn eines Bankrotteurs ist nicht standesgemäß, Margarethe weiß, dass ihr Vater einer Verbindung nie zustimmen würde. Deswegen treffen sich die beiden heimlich im Hause Hudtwalckers in der Katharinenstraße 83, wo sich auch das väterliche Kontor befindet. „Für Margarethe stand viel auf dem Spiel", erläutert Rita Bake deren

Situation. „Es ging um ihre Tugend – wenn sie im Verdacht gestanden hätte, vor der Ehe ihre Sexualität gelebt zu haben, wäre ihre gesellschaftliche Stellung hinüber gewesen. Kein standesgemäßer Mann hätte sie mehr geheiratet."

Nicht nur Margarethe, auch ihr Bruder Johann Michael Hudtwalcker (1747-1818), der Mitglied des Hamburger Rats ist – nach ihm wurde die Hudtwalckerstraße in Hamburg benannt, ist von Octav angetan. Die beiden verbindet eine tiefe Freundschaft, und auch die Geschwister Johann Michael und Margarethe haben ein enges Verhältnis zueinander. „Johann Michael und Octav tauschten sich intensiv über Friedrich Gottlieb Klopstocks Versepos *Der Messias* zum Leben Jesu aus", beschreibt Rita Bake deren gemeinsame Interessen. Und Margarethe und Octav erkennen sich gewissermaßen

„Das ist auf der einen Seite eine ganz spannende Liebesgeschichte, aber auch eine Geschichte der Zwangsverheiratung und eines Frauenschicksals, das durch das patriarchale System der damaligen Zeit beeinflusst wurde."

selbst in diesem literarischen Werk, denn „hier werden Freundschaft und Liebe engelhaft rein zelebriert", wie Bake sagt. Die jungen Liebenden beschließen, ebenjenem Beispiel zu folgen, zumal gerade für Margarethe der Glaube eine große Rolle spielt. Rita Bake erläutert in einem Aufsatz: „Sie suchte Zuflucht bei einem göttlichen Vater, der aber auch zugleich Zuchtmeister war. Mit seiner Hilfe, so schrieb sie, ‚ward ich strenge tugendhafft'. Doch ihre Liebe zu Octav konnte sie nicht unterdrücken. Dies führte zu einer echten Tragödie."

Denn Margarethe und Octav werden verraten – von einer Näherin, die im Betrieb des Vaters angestellt ist. Das hat zur Folge, dass Margarethes Vater den beiden nachspioniert und sie sozusagen in flagranti bei einem Rendezvous erwischt. Margarethe wird später schreiben: „Wie ich zurückgehe, sehe ich meinen Vater, seine ernste Stimme – oh, keine Stimme ist meinen Ohren furchtbarer gewesen, und was er sagte, das waren Schwerter durch das Innerste meiner Seele, wäre ich in die Hände eines Mörders gefallen, ich hätte mich nicht so erschrocken, wie vor meinem Vater." Der Vater lässt sie büßen: „Die Schwerter, die Margarethe nach dieser Entdeckung zu spüren bekam, waren geschmiedet aus Liebesentzug", schreiben Rita Bake und Birgit Kiupel. Man streicht ihr die Ballkleider, wirft ihr das Brot bei Tisch einfach nur hin, und wenn sie sich an den Speisen bedienen will, darf sie das nur als Allerletzte tun. Obendrein nennt ihr Vater sie auch noch *Dirne*. Margarethe ist untröstlich. Heimlich schreibt sie sich mit Octav, beider Leid ist groß. Margarethe schreibt: „Ich welkte wie eine Blume des Feldes. Die Liebe meiner Eltern, mein Zutrauen war dahin, […]. Das Lesen, oh, davor ekelte mir. Andachtsbücher war mein Lesen."

Die Eltern beeilten sich, ihre widerspenstige Tochter unter die Haube zu bringen. Als ihren künftigen Gatten wählen sie Pastor Johann Nikolaus Milow, der zwar arm, aber standesgemäß ist. 1769 wird geheiratet, dann muss Margarethe das elterliche Haus verlassen. Trotz allem, was sie in den letzten Jahren durchleiden musste, ist der Abschiedsschmerz gewaltig.

Das Ehepaar zieht nach Lüneburg, dann nach Wandsbek. Elfmal wird Margarethe schwanger, acht ihrer Kinder bleiben am Leben. Sie erkennt, so Rita Bake, was eine Ehe ausmacht, und gibt ihren Töchtern mit: „Denkt auch nicht, Ihr meine Töchter, dass die Liebe eines Ehemannes das ist, was die eines Liebhabers ist, selbst dann nicht, wenn der Erwählte Eures Herzens Euer Mann werden sollte. Ehe ist Freundschaft im innigsten, genauesten Verstand dieses Wortes, die herzlichste Freundschaft, die das Leben zum Paradiesleben machen kann; wenn mans noch höher, noch weiter hinaufrücken will. […] Wie selig war nicht der Teufel im Himmelreich, aber er wollte noch seliger werden und fiel." Margarethe Milow stellte bürgerliche Männer- und Frauenbilder nicht in Frage, auch wenn sie unter ihnen litt, schreiben Rita Bake und Birgit Kiupel, und sie kommt zu einer Erkenntnis, die Generationen von Frauen und Männern auch nach ihr geteilt haben. „Unser Herz kann sich binden, muß sich binden an Einen, so nicht das Herz der Männer, ihr Loos ist Freiheit, das wissen sie, und das lassen sie sich nicht rauben, besonders wenn wir uns merken lassen, daß wir sie binden wollen."

Da der Verdienst ihres Gatten nicht ausreicht, um die große Familie zu ernähren, richtet das Ehepaar Milow ein Knabeninternat ein, in dem Margarethe Milow als Hausmutter waltet. Und dann erkrankt die vielfache Mutter schwer – an Brustkrebs. „In ihren Erinnerungen beschreibt sie auch den Krebs", sagt Rita Bake. „Sie schreibt über den Knoten, den sie gespürt hat, über ihre Ängste und ihre Versuche, ihr Leben zu retten. Sie beschreibt auch die Operation, die damals noch ohne Narkose geschah. Es wurde damals schon amputiert, aber man wusste noch nichts von Metastasen." Margarethe Milow geborene Hudtwalcker beschreibt, wie sie in der Hamburger Wohnung einer befreundeten Familie auf einem Stuhl sitzt, als ihr die Brust abgeschnitten wird. Sie schreibt, wie ihr anschließend die Adern verlötet werden, damit sie nicht verblutet. Sie schreibt und schreibt und schreibt.

Und dann kommen die Metastasen. Margarethe Milow verliert den Kampf gegen den Krebs im Alter von 47 Jahren.

Ihren Octav hat sie nie vergessen. Und sie hat ihn noch einmal gesehen. Inzwischen war er ein gemachter Mann, denn er hatte als Kaufmann ein großes Vermögen angehäuft. „Das macht die ganze Geschichte umso tragischer", sagt Rita Bake. „Nun wäre er standesgemäß gewesen, aber nun war sie verheiratet und dann schwer krank. Doch Margarethe habe ihren Glauben nie verloren. „Und einer Sache war sie sich am Ende sicher: dass sie ins Paradies kommen werde."

....

Erinnerungsorte:

1995 ließ die Heinrich-und-Caroline-Köster-Testaments-Stiftung, deren Stifter mit Margarethe Hudtwalker, verheiratete Milow, verwandt sind, im Neubau ihres Altenwohnheims am Amalie-Dietrich-Stieg 2 in Barmbek eine Büste von ihr aufstellen.
Sie lebte zuletzt mit ihrem Mann in Wandsbek, wo er Pastor war.
In der Katharinenstraße 83 hatte sie als Kind bei ihren Eltern und als ledige junge Frau gewohnt.

ÜBERZEUGT, ENTSCHLOSSEN

Gründerin eines Diakoniewerks

„Sie war eine sehr beeindruckende Frau und hat sich über die Maßen für andere eingesetzt. Sie hat sich niemals geschont", sagt Inge Siemers. Die Rede ist von Albertine Assor, die das Krankenhaus Am Weiher gründete. Inge Siemers hat sich viel mit Albertine Assor beschäftigt, sie wollte wissen, wer diese zierliche, durchsetzungsstarke Frau, von der immer ein Bild im Eingangsbereich des Krankenhauses hing, eigentlich war.

Christlich geprägt wird Albertine Assor, Tochter eines Königsberger Maurerpoliers, durch ihre Eltern: Nach 44 Berufsjahren beschließt ihr Vater, seinen Beruf aufzugeben, in die Freikirche der Baptisten einzutreten und Prediger zu werden. Albertine darf ihn immer wieder auf seinen Missionsreisen begleiten. Auch ihre Mutter predigt, was für diese Zeit ausgesprochen ungewöhnlich ist.

1891 geht die junge, sehr eigenständige und selbstbewusste Albertine nach Berlin, eigentlich, um eine Schneiderlehre zu machen, doch ihr Weg wird ein anderer sein: Die Not in der Großstadt bedrückt das Mädchen vom Lande zutiefst, sie besucht die Armenviertel und beschließt, Abhilfe zu schaffen. „Sie wurde Mitglied der Bethel- Gemeinde im Osten von Berlin und arbeitete fortan als Schwester", erzählt Inge Siemers. Ihr beruflicher Weg führt Albertine Assor von Berlin über Bochum und Stade schließlich nach Hamburg: 1902 kommt sie als Oberin an das Diakonissenhaus Tabea nach Altona. Fünf Jahre bleibt sie dort, Jahre, in denen sie immer wieder versucht, ihre unorthodoxen Vorstellungen durchzusetzen. Vor allem scheint den Männern des Vorstandes die dominante Art Albertine Assors Probleme zu bereiten. Was sie als richtig erachtet, das gibt sie so leicht nicht auf. Lieber scheidet sie aus dem Werk

Albertine Assor (links) mit ihrer Nachfolgerin Martha Kropat, 1941.

aus, nachdem der Machtkampf zwischen dem Vorstand und der Oberin gegen Albertine Assor entschieden ist. „Mit dem Lebensstil einer Diakonisse konnte sie sich nicht dauerhaft arrangieren – zu stark unterband das männliche Regiment in der Einrichtung ihre Selbstständigkeit. Trotzdem bekannte ein Vorstandsvorsitzender: ‚Ich muss ihr das Zeugnis geben, dass sie ihre Aufgabe mit solcher Umsicht, Treue und Energie erfüllt, dass wir ihre Kraft einer männlichen gleichwertig erachten‘“, zitieren Inge Siemers und Bärbel Grothkopf in einem Aufsatz über Albertine Assor.

Die sozial engagierte Frau hat nicht vor, sich von diesem Zwischenfall aufhalten zu lassen, im Gegenteil: Zusammen mit acht weiteren Schwestern, die ebenfalls dem Tabea Diakonissenverein den Rücken gekehrt haben, gründet sie 1907 in Eimsbüttel einen eigenen Diakonissenverein. Sie entscheidet sich für den Namen Siloah, „angelehnt an eine wasserspendende Quelle im biblischen Jerusalem“, wie dem Aufsatz zu entnehmen ist. Das, verdeutlicht Inge Siemers, sei die Geburtsstunde des späteren Albertinen-Diakoniewerks gewesen, in dem heute rund 3.000 Menschen arbeiten.

Albertine Assor sorgt dafür, dass ihre Diakonissen eine erstklassige Ausbildung bekommen. Die Krankenpflegerinnen sind in allen Gesellschaftsschichten tätig – darauf fußt das System: Den wohlhabenden Patienten wird eine Rechnung gestellt, die armen werden kostenlos betreut. „Siloah-Schwestern waren auch in Privatkliniken tätig. Das verdiente Geld kam in eine Gemeinschaftskasse, aus der alle Kosten bestritten wurden“, schreiben Siemers und Grothkopf.

„Siloah-Schwestern waren auch in Privatkliniken tätig. Das verdiente Geld kam in eine Gemeinschaftskasse, aus der alle Kosten bestritten wurden.“

Eineinhalb Jahre nach der Gründung arbeiten schon 22 Schwestern in dem Verband mit. „Albertine Assor hat viel bewegt und sich nicht nur um die Kranken gekümmert, sondern auch dafür gesorgt, dass die Schwestern gut behandelt werden“, sagt Inge Siemers und zählt auf: „Ihre Mitarbeiter hatten ein Mitbestimmungsrecht und sie führte eine Rentenversicherung für die Schwestern ein. Außerdem gab es vier Wochen Jahresurlaub und die Schwestern konnten in ein Ferienhaus fahren, um sich von der schweren Arbeit zu erholen." Auch finanziell sind die Schwestern am Erfolg des Werkes beteiligt, wodurch sie große Freiheit und Selbstständigkeit erlangen. Albertine Assor ist eine Frau, die sich ihrer christlichen Überzeugung entsprechend, immer wieder für kranke und notleidende Menschen einsetzt, ohne sich selbst zu schonen. Demokratie ist ihr sehr wichtig.

Man sollte meinen, eine Frau, die sich derart um das Wohl anderer bemüht, sei allerseits beliebt gewesen, doch das war nicht der Fall: Was sie erreicht hat, hat sie durch Konsequenz und einen straffen Führungsstil erreicht, den nimmt ihr manch eine ihrer Kolleginnen übel, außerdem neidet man ihr den Erfolg – Neid schlägt ihr vor allem von zweien ihrer Mitgründerinnen entgegen. Immer schlechtere Stimmung baut sich gegen Albertine Assor auf, der Vorstand entlässt sie schließlich als Oberin. Albertine bleibt, wie man heute sagen würde, cool, geht nach Ostpreußen und hilft einem Verwandten und setzt sich dort für die Wanderfürsorge der baptistischen Frauen ein. Dann, als die Siloah in die Krise geraten ist, holt man sie wieder zurück.

Inge Siemers vor dem Bild von Albertine Assor im Flur des Krankenhauses Am Weiher.

Und Albertine macht weiter. Ein Heim für notleidende Mädchen und Frauen hat sie schon vor ihrer Entlassung gegründet, nun folgt ein „Leicht-Krankenhaus" für Menschen, die sich eine gute medizinische Versorgung nicht leisten können, Dienstmädchen etwa, die von ihrem Dienstherrn im Stich gelassen werden, ein Altenheim, ein Erholungsheim in Bad Pyrmont, und 1927 eröffnet Siloah das Krankenhaus Am Weiher in Elmsbüttel.

„Als Assor 1953 im Alter von fast 90 Jahren in den Räumen ihres Lebenswerks starb, war ihre Diakonie gut aufgestellt und kann sich bis heute halten. Die Rolle der Frauen in Pflegeberufen hat sich nicht zuletzt durch ihr Wirken in den vergangenen 100 Jahren verändert. Soziale Sicherheit und feste Anstellungen sind noch heute im Albertinen Diakoniewerk verankert", schreiben Siemers und Grothkopf. Und Inge Siemers ergänzt: „Sie war eine sehr durchsetzungsfähige Frau mit einem großen Herzen."

„Sie war eine sehr durchsetzungsfähige Frau mit einem großen Herzen."

Die besten Voraussetzungen, um aus dem Nichts ein Werk aufzubauen, in dem so viele Menschen Hilfe fanden und finden.

. . . .

Erinnerungsorte:

Es gibt in Hamburg eine Albertine-Assor-Straße und einen Albertinenstieg. Wirkungsstätten waren unter anderem: das Krankenhaus Am Weiher, Hogenfelder Straße 22; das Albertinen-Krankenhaus, Nachfolger des Krankenhauses Am Weiher, Süntelstraße 11a und das Diakonissenhaus Siloah.

Budge-Palais in Hamburg-Harvestehude.

MÄZENIN IM TRAUMHAUS

Die Villa mit den 20 Badezimmern

Es war schon alles vereinbart: Emma Budge, die schwerreiche jüdische Mäzenin und Kunstsammlerin, wollte der Stadt Hamburg ihre Sammlung und ihr Haus vererben. Dann kamen die Nazis. Emma und ihre Familie hatten viele Repressalien zu erleiden – woraufhin sie ihre Schenkung widerrief. Auf keinen Fall wollte sie, dass die Nazis in den Besitz von Haus und Sammlung kommen. Das half aber nichts: Die klassizistische Villa am Harvestehuder Weg 12 wurde während des Dritten Reichs zum Machtzentrum der Nationalsozialisten in

Hamburg. Die jüdischen Bewohner des Hauses, Nachfahren der 1937 verstorbenen Emma, mussten ausziehen und wurden später ermordet. „Ich finde diese Geschichte unglaublich beklemmend", sagt die Hamburger Autorin Micaela Jary. „Aber auch dieses dunkle Kapitel hat es nicht geschafft, den Zauber des Hauses zu zerstören. Der Geist, den Emma Budge ihm gab, war stärker."

Emma Lazarus, Tochter des jüdischen Hamburger Kaufmanns Ludwig Lazarus und seiner Frau Emilie, ist 27 Jahre alt, als sie den aus Frankfurt am Main stammenden Bankier Henry Budge (1840-1928) heiratet. Die Hochzeit bedeutet einen Abschied von Deutschland, denn Budge lebt seit 1866 in den USA, er ist Teilhaber des Bankhauses L. Hallgarten & Co. Die junge Emma geht also mit in die Neue Welt, und als sie 30 Jahre alt ist, nimmt sie die amerikanische Staatsbürgerschaft an. Sie führt ein Leben in großem Luxus: Ihr Mann verdient mit der Sanierung und Neustrukturierung der amerikanischen Eisenbahngesellschaften ein Millionenvermögen. Allein – Kinder sind den beiden nicht beschieden, und so sind sie nur zu zweit, als sie 1903 nach Deutschland zurückkehren.

Micaela Jary lehnt auf ihren Werken, unter anderem hat sie sich für ein Buch auch mit Emma Budge befasst.

Schon drei Jahre zuvor hatte Henry hier ein Haus gekauft, von dem Micaela Jary sagt, dass es sie schon als kleines Mädchen fasziniert habe: „Es erschien mir damals schöner als alle anderen Villen im Alstervorland. Die Faszination hielt an, und ich weiß bis heute nicht genau, warum mich dieses Gebäude noch immer so begeistert, es weckt Träume in mir, bringt mehr Saiten zum Klingen als andere."

1903 kommt das Ehepaar also zurück und lässt sich in der klassizisti-
schen Villa nieder, die es noch etwas umbauen lässt: Zur Alsterseite
hin entsteht ein halbrunder Mittelrisalit, auf dem riesigen Grundstück
stehen Remisen, Obst- und Treibhäuser, es gibt eine Blumenhalle und,
unten am Alsterufer, einen Teepavillon. „Viele Hamburger nannten es
aber die ‚Badeanstalt', weil es so viele Badezimmer hatte (20, soviel ich
mich erinnere)", schreibt Prof. Peter Kahn, ein Großneffe Henry Budges, der seine Kindheit in dessen Palais verbrachte, in *Das Budgehaus
am Harvestehuder Weg*. Und weiter: „Das kam daher, dass Budges von
Amerika kamen, wo Badezimmer unbedingte Notwendigkeiten der
Leute guten Tones geworden sind."

1910 macht Henry seiner Frau ein ganz besonderes Geburtstagsge-
schenk: Auf der Rückseite des Hauses baut er für sie einen Spiegelsaal,
in dem private Musik- und Theaterveranstaltungen stattfinden können (1980 wurde der Saal abgetragen und im Museum für Kunst und
Gewerbe originalgetreu wiederaufgebaut.). Nun finden im Palais
Budge also auch Musik- und Theaterveranstaltungen statt: Emma, die
große Liebhaberin der Künste, etabliert in ihrem Hause einen Treff-
punkt für die kunst- und kulturinteressierte Gesellschaft. „In dem
Haus lebte sie nicht nur, es war auch die Heimat ihrer umfassenden
und beeindruckenden Sammlung, bestehend aus Möbeln, Textilien,
Skulpturen, Goldschmiede-
kunst, Gemälden, Porzellan
und Fächern", sagt Micaela
Jary. Doch Emma interessiert
sich außer für Kunst auch für
die Menschen. Gerade für
jene, die vom Leben nicht so
begünstigt sind wie sie. Ihnen
will sie helfen, das sieht sie als
ihre Pflicht an, als selbstverständlich. Gemeinsam mit

*„Dabei war es ihr ganz wichtig,
keinen Unterschied zwischen den
Religionen zu machen. Sie wollte
allen Menschen helfen, ob jüdisch
oder nicht, und ihre Stiftungen
hatten auch ganz ausdrücklich
zum Ziel, das Miteinander der
Religionen zu fördern."*

ihrem Mann gründet sie in den 1920er-Jahren zahlreiche Stiftungen.
„Dabei war es ihr ganz wichtig, keinen Unterschied zwischen den Religionen zu machen", unterstreicht Micaela Jary. „Sie wollte allen Menschen helfen, ob jüdisch oder nicht, und ihre Stiftungen hatten auch

ganz ausdrücklich zum Ziel, das Miteinander der Religionen zu fördern."

Im Oktober 1928 wird Emma Budge Witwe und erbt das Vermögen ihres Mannes. Nun gilt es, auch ihren eigenen Nachlass zu regeln. Die Ehepartner hatten sich darauf verständigt, dass der überlebende Partner in seinem Nachlass das Hamburger Museum für Kunst und Gewerbe mit der Sammlung bedenken solle. Also sucht Emma Budge im Frühjahr 1932 den damaligen Staatsrat Leo Lippmann auf. Mit ihm bespricht sie, dass eine weitere Emma-Budge-Stiftung ins Leben gerufen werden soll, die vorsieht, dass der gesamte Grundbesitz ihrer Villa an die Stadt übergeht. Der Plan: aus dem mit Kunstschätzen nur so gefüllten Haus ein Museum zu machen.

Als diese Vereinbarung getroffen wird, ist die Stimmung in der Hansestadt wie im ganzen Reich gegenüber jüdischen Mitbürgern schon ausgesprochen angespannt. Sogar Freunde distanzieren sich plötzlich. Ein Jahr nach eben jenem Gespräch zur Zukunft der Villa, in dem Emma Budge noch großzügig erklärt hatte, alles der Stadt Hamburg zu schenken, kommen die Nationalsozialisten an die Macht. „Die Hansestadt dankte die Großzügigkeit nicht", sagt Micaela Jary, „Emma Budge wurde plötzlich angefeindet und gesellschaftlich ausgegrenzt." Die Nazis wollen die Villa haben. Unbedingt sogar. Gauleiter Karl Kaufmann (1900-1969) unterbreitet Emma Budge ein Kaufangebot, das sie jedoch rundweg ablehnt. Auf keinen Fall will sie nun noch, dass die Stadt Hamburg ihren Besitz erhält, und deshalb widerruft sie im Jahr 1935 ihr Testament: „Gezwungen sehe ich mich zu dieser Aufhebung und zur Neuordnung durch die Veränderung meiner eigenen finanziellen Verhältnisse in Deutschland, welche Veränderungen es mir widersinnig erscheinen lassen, eine von mir früher zugunsten der Stadt Hamburg angeordnete Verfügung weiter bestehen zu lassen." Ihren vier Testamentsverwaltern sagt sie ganz ausdrücklich, dass die Stadt Hamburg weder das Haus noch die Sammlung erhalten solle.

„Die Hansestadt dankte die Großzügigkeit nicht, Emma Budge wurde plötzlich angefeindet und gesellschaftlich ausgrenzt."

Wie schlimm es einmal werden würde – das erfährt sie zum Glück nie, denn sie stirbt zwei Jahre später kurz vor ihrem 85. Geburtstag. So bleibt es ihr erspart, erleben zu müssen, welche Gräuel den Juden noch angetan werden. Und zu erfahren, dass die Nazis ihre im Haus lebenden Nachfahren zum Auszug zwingen und später ermorden, dass sie das Haus doch noch in ihren Besitz bringen, hier ihre Reichsstatthalterei ansiedeln und es damit zu ihrem Machtzentrum machen.

Nach der Beschlagnahme durch die britische Besatzungsmacht befindet sich das Palais seit Mitte der 1950er-Jahre wieder im Besitz der Stadt Hamburg. Sie hat es inzwischen einer Nutzung zugeführt, die Emma Budge sicher gefallen hätte: Junge Menschen werden hier ausgebildet und in ihren künstlerischen Talenten gefördert: Seit 1959 beheimatet die Villa die Hochschule für Musik und Theater.

....

Erinnerungsorte:

Emma Budges Villa steht am Harvestehuder Weg 12 in Hamburg-Rotherbaum, Bezirk Eimsbüttel. Seit 1959 wird sie von der Hochschule für Musik und Theater Hamburg (HfMT) genutzt. Am Eingang Milchstraße hängt eine Bronzetafel für Henry und Emma Budge. Seit Sommer 2007 befinden sich vor dem Haus außerdem zwei Stolpersteine für Ella und Siegfried Budge, die zuletzt in dem Haus lebten und von den Nazis ermordet wurden.

Hamburgs erste Professorin
Im Dienste der Wissenschaft

Agathe Lasch hat Deutschland immer geliebt, sich immer als Deutsche gefühlt. Selbst dann noch, als man ihr in diesem Land alles untersagte, alles nahm, sie schließlich verfolgte und letztendlich ermordete. Wie hätte sie es auch nicht lieben sollen, wenn doch das, was ihre Mentalität sehr stark prägte, ihre Passion und ihr Forschungsgebiet war: die deutsche Sprache. Agathe Lasch war die erste Frau auf einer Professur in Hamburg und die erste Germanistikprofessorin Deutschlands. Ein großes wissenschaftliches Erbe hat sie hinterlassen, das Prof. Dr. Ingrid Schröder behutsam weiterführt. „Ich bin ihre Nachfolgerin auf der Hamburger Stelle, insofern habe ich eine ganz direkte Beziehung zu Agathe Lasch. Das hat mich dazu bewogen, mich nicht nur mit ihrem Werk, sondern auch mit ihrem Leben zu befassen", sagt sie. „Wobei man über sie als Privatperson nicht viel weiß – sie hat ihr Leben der Wissenschaft gewidmet. Sie wird als sehr zurückhaltend beschrieben."

Agathe Lasch wird im Jahr 1879 als Tochter einer jüdischen Kaufmannsfamilie geboren. Die Eltern haben finanzielle Sorgen, sie müssen immer wieder umziehen. Die kleine Agathe findet besonderen Halt bei ihrer Mutter, einer liebevollen und fröhlichen Frau, der es, ebenso wie dem Vater, wichtig ist, dass ihre Kinder auf eigenen Beinen stehen und für ihren Lebensunterhalt sorgen können. Deshalb macht Agathe eine Ausbildung zur Lehrerin und unterrichtet an Mädchen- und Gewerbeschulen. Dann holt sie ihr Abitur nach und studiert in Halle und Heidelberg Germanistik.

1909 promoviert sie und geht anschließend in die USA, ein Land, das Akademikerinnen deutlich offener gegenübersteht

---

Agathe Lasch war die erste Germanistikprofessorin Deutschlands. Sie wurde von den Nazis ermordet.

als Deutschland. Hier lehrt und arbeitet sie, umgeben von fremder Sprache, an ihrer mittelniederdeutschen Grammatik, ebenjener, die heute als das germanistische Standardwerk gilt und an der Ingrid Schröder weiterschreibt. Agathe liebt die deutsche Sprache und versucht, diese Liebe in Amerika weiterzugeben.

Obwohl die Amerikaner ihr, wie sie berichtet, immer nur offen und herzlich begegnen, kehrt sie im Jahr 1917, als die USA in den Krieg gegen das Deutsche Reich eintreten, zurück – und nun soll ihre Hamburger Zeit beginnen: Sie wird Wissenschaftliche Hilfsarbeiterin am Deutschen Seminar und übernimmt als solche die Leitung der „Sammelstelle für das *Hamburgische Wörterbuch*". Und mit Begeisterung widmet sie sich dieser Aufgabe, die ihr so ganz und gar liegt. Das Ziel ihrer Arbeit ist es, wie Christine M. Kaiser in ihrer Biografie über Agathe Lasch schreibt, ein „möglichst vollständiges wissenschaftliches Wörterbuch der Hamburger niederdeutschen Sprache" zu erarbeiten, nämlich „das Wörterbuch als Spiegel und Hort der lebendigen Kultur einer regionalen Sprachgemeinschaft".

Prof. Dr. Ingrid Schröder im Archiv, wo Hand-schriften Agathe Laschs aufbewahrt werden.

Agathe schaltet Zeitungsannoncen, in denen sie die Hamburger bittet, Beiträge einzusenden, außerdem, schreibt Kaiser, habe sie „Frauen bei ihren hauswirtschaftlichen Tätigkeiten" beobachtet, „Bauern bei der Feldarbeit, Fischer beim Ausbessern ihrer Fangnetze, sie fragt nach den plattdeutschen Bezeichnungen von Geräten und Verrichtungen, sammelt, sichtet und systematisiert". Prof. Dr. Ingrid Schröder sagt: „Ich bin bis heute sehr beeindruckt davon, wie sehr sie aus den Quellen geschöpft hat. Ihre Arbeiten haben ein

ganz klares empirisches Fundament." Die Sprache einer Stadt, merkt Schröder an, sei von vielen Einflüssen geprägt, „wir können Regeln ausmachen, die durch das Sozialgefüge der Stadt bedingt sind. Agathe Lasch hat die Stadtsprachenentwicklung für Hamburg nachgezeichnet und dabei immer Sprachgeschichte als Kulturgeschichte gesehen."
Agathe Lasch habe Hamburg als Arbeitsort und als wissenschaftlichen Ort sehr geschätzt. Als die Hamburger Universität 1919 gegründet wird, habilitiert sie sich, womit sie zu den ersten sechs Frauen zählt, die in Deutschland die Venia Legendi (die Erlaubnis, an Hochschulen zu lehren) erhalten – noch bevor in Preußen das Ministerium für Wissenschaft, Kunst und Volksbildung die Habilitation 1920 offiziell gestattet. Vier Jahre später wird sie zur ersten Professorin der Hamburgischen Universität ernannt – zunächst noch ohne entsprechende Stelle – und als erste Germanistin in ganz Deutschland Professorin. 1926 schafft man für sie an der Hamburger Universität eine außerordentliche Professur für Niederdeutsche Philologie. Kaiser schreibt: „Wie ungewöhnlich der Vorschlag, eine Professur mit einer Frau zu besetzen, zu dieser Zeit gewesen sein mag, zeigt nicht nur die Reaktion der Hochschulbehörde, die die Phi-

losophische Fakultät zwei Monate nach Eingang ihres Besetzungsvorschlages schriftlich aufgefordert, die Berufungsliste um weitere Gelehrte, ‚die für die Besetzung der Professur in Frage kommen können' zu erweitern. Auch die überraschend unbeholfen wirkende sprachliche Formu-

„Zwar haben einige ihrer Schüler und auch Wissenschaftler aus dem Ausland versucht zu intervenieren, aber das brachte nur ein Jahr Aufschub."

lierung des Vorschlages der Fakultät selbst lässt erahnen, auf welch unsicherem Terrain man sich bewegte, wenn es heißt: ‚Fräulein Prof. Dr. Lasch' sei ‚eine Gelehrt*in*'."
Der Berufungsprozess strengt Agathe Lasch an, viel mehr Zeit für ihre Forschungen hat sie als Professorin auch nicht, sie leidet unter Migräne und wirkt niedergeschlagen.

Als die Nationalsozialisten 1933 an die Macht kommen, soll sie sofort entlassen werden. „Zwar haben einige ihrer Schüler und auch Wissenschaftler aus dem Ausland versucht zu intervenieren, aber das brachte nur ein Jahr Aufschub", sagt Ingrid Schröder. Und dieses Jahr ist für Agathe Lasch kein schönes: Sie muss miterleben, wie ein jüdischer Kollege suspendiert wird, wie immer mehr Schüler und Kollegen in die NSDAP eintreten. Zunehmend leidet Agathe Lasch unter Anfeindungen und Isolation, 1934 wird sie suspendiert, hält aber, wie Ingrid Schröder sagt, noch Kontakt zu ihren Studentinnen. „Eine Studentin berichtete später, sie sei in dieser Zeit sehr stark von Agathe Lasch gefördert worden. Diese habe ihr immer wieder versichert, dass sie sie unterstützen werde." Obwohl vom Wesen her eher zurückhaltend, sei sie jungen Nachwuchswissenschaftlern gegenüber immer sehr zugewandt gewesen, sagt Ingrid Schröder. Vor allem ist es Agathe Lasch wichtig, ihre Studentinnen zu unterstützen. „Sie hat sich sehr für Studentinnen eingesetzt und sich Gedanken gemacht, wie man deren soziale Lage verbessern kann", betont Ingrid Schröder. Denn Agathe Lasch weiß ja, wie schwer es für eine Frau

„Sie hat gesagt, sie hätte im doppelten Sinne keine Chance, als Frau und als Jüdin, aber als Frau hat sie sich durchsetzen können."

ist, sich in der bis dahin sehr männerdominierten universitären Welt durchzusetzen. „Sie hat gesagt, sie hätte im doppelten Sinne keine Chance, als Frau und als Jüdin, aber als Frau hat sie sich durchsetzen können."

Trotz ihrer Kontakte zu den Studentinnen wird es immer ruhiger und einsamer um die Wissenschaftlerin. 1937 zieht sie schweren Herzens zu ihrer Schwester nach Berlin. Alles ist besser, als diese Isolation auszuhalten. In Berlin widmet sie sich weiter ihren Forschungen, erhält jedoch ein Publikationsverbot. Öffentliche Bibliotheken darf sie nicht mehr betreten, auch keine Hochschulbibliothek mehr – wie alle jüdischen Wissenschaftler in Deutschland. Selbst die eigenen Bücher nimmt man ihr, ihre Bibliothek, die rund 4.000 Bände umfasst, wird am 9. Juli 1943 beschlagnahmt. Und wenn es an der Tür klingelt, hat sie immer Angst. Als der Lexikograf Erich Nörrenberg (1884-1964) sie im April 1942 besucht, berichtet er, er habe eine halbe Stunde warten müssen und sei von ihrer Schwester ausgiebig über den Grund seines Besuchs befragt worden. Schließlich habe sie ihn in ihrem „Blauseidenen" empfangen und er habe einer „vollkommen gefasst" wirkenden Agathe gegenübergestanden, die ihrer Zukunft „ohne alle Illusionen" entgegengeblickt habe.

Christine M. Kaiser erklärt in ihrem Buch, dass Agathe bei jedem Schellen gefürchtet habe, „jetzt werden wir geholt". Und: Agathe Lasch habe „diese Gewissheit (gehabt), unrettbar verloren zu sein in einem Land, zu dem sie sich immer bekannt hatte, das sie liebte, dessen Sprache und dessen Geschichte zu erforschen ihr Lebenswerk bildete".

Mitte August 1942, wenige Monate nach dem Besuch des Mundartforschers Nörrenberg, kommen die Nazis dann tatsächlich. Agathe Lasch wird zusammen mit ihren Schwestern nach Riga deportiert. Dort kommt sie aber nie an: Direkt nach ihrer Ankunft in Riga-Škirotava am 18. August 1942 wird sie in den umliegenden Wäldern ermordet.

Bis zuletzt hat sie Deutschland geliebt. Nie hat sich ihre Liebe in Hass verwandelt. Nie hat sie vor allem ihre Liebe zur deutschen Sprache verloren. Und indem Ingrid Schröder diese Arbeit fortführt, bewahrt sie auch ihr Andenken.

....

Erinnerungsorte:

Ein Gedenkstein für Agathe Lasch befindet sich in der Erinnerungsspirale im Garten der Frauen. 1970 wurde in Hamburg-Othmarschen der Agathe-Lasch-Weg nach ihr benannt. In der Universität Hamburg trägt seit 1999 ein Hörsaal ihren Namen. Stolpersteine für Agathe Lasch liegen vor ihrem einstigen Wohnhaus, Gustav-Leo-Straße 9, und dem Hauptgebäude der Universität Hamburg in der Edmund-Siemers-Allee 1.

EIN LEBEN FÜR DEN WIDERSTAND

Vom großen Leid einer Mutter

Sie hat ihre Tochter nicht gerettet. Denn ihre Tochter, so sagte sie, hätte sie für ebenjene Rettung verachtet. Die Rede ist von Alice Wosikowski, das ist die Mutter. Und von Irene, ihrer Tochter. Beide sind Mitglieder der KPD und kämpfen im Dritten Reich entschieden gegen den Nationalsozialismus. Die Nazis sind es auch, die Irene Wosikowski am Ende ermorden. Wie es dazu kommt und warum Alice sie hätte retten können, ist eine lange, traurige Geschichte, die die Hamburger Historikerin Dr. Rita Bake sehr berührt.

Sie beginnt im Jahr 1907, als Alice ihren ersten Mann heiratet: Wilhelm Wosikowski ist Sozialdemokrat und aktiver Gewerkschafter, und auch Alice tritt in die SPD ein. Die beiden führen eine glückliche Ehe, ein Jahr nach der Hochzeit kommt Sohn Eberhard und zwei Jahre später Tochter Irene auf die Welt. Bis dahin hat die Familie ihren Lebensmittelpunkt in Danzig, 1911 zieht sie nach Kiel. „Dieser Umzug ist im Grunde auch schon politisch bedingt, denn Alices Mann findet in Danzig wegen seiner Zugehörigkeit zu einem Streikkomitee keine Arbeit mehr. In Kiel kann er hingegen auf der Germania-Werft arbeiten", erklärt Rita Bake den Grund für den Umzug.

Drei Jahre später findet das Glück ein jähes Ende: Der Erste Weltkrieg bricht aus, Wilhelm muss ins Feld ziehen, er kommt im Oktober 1914 als Soldat ums Leben. Alice ist untröstlich, sie hat aber kaum Zeit, sich ihrer Trauer hinzugeben: Die Kriegerwitwenrente reicht nicht zum Leben, sie muss arbeiten gehen, um ihre noch sehr kleinen Kinder zu ernähren. Im ersten Jahr kann sie von zuhause aus arbeiten, ab 1915 ist sie als Fürsorgerin beim Magistrat der Stadt Kiel tätig. Sie schuftet hart, um ihre Kinder nicht nur satt zu bekommen, sondern

Alice Wosikowski musste immer wieder schwere Entscheidungen treffen.

ihnen auch noch Bildung zu ermöglichen, doch es ist vergebens: Nicht einmal für das Schulgeld ihres Sohnes reicht, was sie nach Hause bringt, und deshalb muss er die Schule vorübergehend verlassen.

Bis dahin ist es die Geschichte einer leidgeprüften und hart arbeitenden Frau – aber mit Hamburg hat sie nichts zu tun. Das ändert sich 1921, als Alice ihren Schwager Friedrich Johann Wosikowski (1886-1930) heiratet und in die Hansestadt zieht. „Nun wird das Leben für Alice etwas leichter", erzählt Rita Bake. „Friedrich ist Ewerführer und Mitglied der KPD, er sorgt für das finanzielle Auskommen der Familie." Auch Alice tritt nun der KPD bei und kämpft vor allem für die Rechte der Frauen. „Alice Wosikowski war von Januar 1927 bis zur Auflösung des Roten Frauen- und Mädchenbundes RFMB im Dezember 1930 Leiterin der Hamburger Ortsgruppe. Ziel dieser von der kommunistischen Frauenbewegung initiierten Vereinigung war es, hauptsächlich unorganisierte Arbeiterfrauen und Arbeiterinnen politisch zu aktivieren", erklärt Rita Bake. Zwei Jahre bevor Alice Mitglied wird, ist der RFMB von der KPD als Schwesterorganisation des Roten Frontkämpfer-Bundes (RFB) gegründet worden. Ihre Vorsitzende ist prominent: Es handelt sich um keine Geringere als Clara Zetkin (1857-1933). Großen Zulauf hat die Bewegung aber nicht, nicht einmal innerhalb der KPD: „In Hamburg gehörten nur knapp drei Prozent aller weiblichen KPD-Mitglieder dem RFMB an", unterstreicht Rita Bake und fährt fort: „Der RFMB bestand zu 75 Prozent aus Arbeiterinnen, der Schwerpunkt seiner Tätigkeit lag in der politischen Betriebsarbeit. Die Frauen forderten zum Beispiel gleiches Recht auf Erwerbsarbeit für Mann und Frau, die Verhinderung von Massenarbeitslosigkeit und die Abschaffung des Paragraphen 218." Und: „Sie wandten sich gegen den wachsenden Antifeminismus und das Frauenbild der NSDAP."

Als der Einfluss der Nationalsozialisten immer größer und die Arbeit des inzwischen halblegal arbeitenden RFMB immer schwieriger wird, organisiert sich der RFMB um und setzt seine Arbeit ab Ende 1933 als „Frauen- und Mädchenstaffel" im neu gegründeten „Kampfbund gegen den Faschismus" fort. „In dieser Zeit – von 1927 bis 1933 – war Alice Wosikowski Abgeordnete der KDP in der Hamburgischen Bürgerschaft", berichtet Bake. Als die Nationalsozialisten die Macht ergreifen, ist Alice, inzwischen zum zweiten Mal Witwe, keine von jenen, die schweigen: Seite an Seite mit ihrer Tochter Irene leistet sie aktiv Widerstand, drei Mal wird sie verhaftet und in Konzentrationslager gebracht. Bake zählt auf: 1933/34 ist sie in Fuhlsbüttel, 1936/37 in Moringen und von 1939 bis 1941 im KZ Ravensbrück.

Im März 1944 erhält sie eine Nachricht ihrer Tochter. Die schreibt, dass sie sich in Gestapo-Haft befinde, die Mutter könne sie besuchen. Alice eilt ins Ziviljustizgebäude und darf ihre Tochter auch tatsächlich sehen. „Was sich bei der Begegnung der beiden Frauen abspielte und was Alice empfand, ist nicht überliefert", erläutert Rita Bake. „Was wir aber wissen, ist, dass der Gestapobeamte Teege, der Irene vernommen und auch gefoltert hatte, Alice anbot, sie könne das Leben ihrer zum Tode verurteilten Tochter retten, wenn sie im Gegenzug mit der Gestapo zusammenarbeiten würde – als Spitzel. Sie hätte dann Namen ihrer Mitstreiter nennen müssen."

Alice Wosikowski sagt nein. Und sie bleibt dabei, auch dann noch, als Teege sein Angebot zwei Wochen später erneuert. Sie erklärt ihm: „Meine Tochter würde mich verachten, wenn ich um solchen Preis ihren Kopf retten wollte." Rita Bake glaubt: „Es muss eine schreckliche Situation gewesen sein. Zumal sie ja wusste, dass sie, wenn sie ihre Tochter retten würde, unzählige weitere Menschen hätte verraten müssen, die dann ihrerseits hingerichtet worden wären. Auch dann hätte sie Schuld auf sich geladen." Hätte sie damit leben können? Und konnte sie damit leben, ihre Tochter nicht zu retten? „Das wissen wir nicht", sagt Rita Bake. „Ob oder wieweit sie diese Entscheidung verkraftet hat, ist nicht bekannt. Sie starb wenige Jahre später, aber sie war auch sehr krank. Ich denke viel darüber nach, wie es ihr wohl ging, diese Geschichte rührt mich sehr an." Die bekannte Hamburger Historikerin ist überzeugt: „Sie hat doppelt und dreifach leiden müssen."

....

Erinnerungsorte:

Alice Wosikowski lebte in der Simrockstraße 40. Ihre Grabstätte befindet sich auf dem Ohlsdorfer Friedhof, Fuhlsbüttler Straße 756, Grab Nr. Bn 73, 406.

KÖNIGIN DER KINDERLITERATUR
Wer Bücher liest, hat mehrere Leben

Astrid Lindgren (1907-2002) hat sich zeitlebens an sie erinnert: an die kleine, zierliche Frau, die neben dem Taxi stand, ein Bündel Geldscheine in der Hand. Die Geldscheine waren das Honorar für die damals noch so junge Autorin Astrid Lindgren, und die kleine, zierliche Frau war ihre Verlegerin Heidi Oetinger. Viel später werden beide berühmt sein und Astrid Lindgren wird schreiben: „Heidi, liebste Schwester! Ich weiß noch, wie ich Dich zum ersten Mal gesehen habe. [...] Dort auf dem Bürgersteig stand ein zierliches, schwarzhaariges und dunkeläugiges, sehr reizendes Mädchen, die Hände voller D-Mark. Dieses Mädchen warst Du, Heidi." Ja, sie werden Freundinnen, die Verlegerin und die Autorin. So, wie Heidi Oetinger mit den meisten ihrer Autoren eine tiefe, eine innige Freundschaft pflegte.

Das ist es auch, was Wiebke Lorenz so an der Verlegerin Heidi Oetinger fasziniert. „Heidi Oetinger hat wie keine Zweite verstanden, dass Autoren mehr brauchen als reine Verträge. Sie brauchen im Verlag Freunde und Verbündete, denn die Entstehung eines Buches ist immer eine sehr persönliche Angelegenheit", sagt sie. Und wenn sie Heidi Oetinger auch nicht mehr kennengelernt hat, weiß sie doch, wovon sie spricht: Denn Wiebke Lorenz ist Bestsellerautorin und arbeitet mit mehreren Verlagen eng zusammen. Obendrein ist sie Mutter einer Tochter, die gerade ins Vorlesealter kommt, und weiß daher, wie wichtig Geschichten sind, die verzaubern. Sie sagt: „Ich denke, Heidi Oetinger war wirklich fähig, in Kinderherzen zu blicken. Sie wusste einfach, was junge Leser beschäftigt und bewegt, anders ist ihr Händchen für großartige Autoren und Geschichten kaum zu erklären."

Die Verlegerin pflegte enge und persönliche Kontakte zu vielen Autoren, unter anderem zu Astrid Lindgren.

„Was für ein Leben", sagt Wiebke Lorenz nachdenklich, und in der Tat ist das Leben der Heidi Oetinger – wie das aller Männer und Frauen ihrer Zeit – extrem von der Geschichte geprägt. Als sie geboren wird, ist Deutschland noch ein Kaiserreich, als sie sechs Jahre alt ist, beginnt der Erste Weltkrieg. Sieben ist sie, als der Vater in Russland fällt, und zehn Lenze zählt sie, als der Krieg, der sie zur Halbwaisen gemacht hat, endlich, endlich vorüber ist. Ruhig wird es deswegen nicht. Es folgen Matrosenaufstände, Revolution, der Hunger ist nicht vorbei, auch und vor allem nicht während der Inflation und der Weltwirtschaftskrise.

Wiebke Lorenz mit einem Pippi Langstrumpf-Buch aus dem Hause Oetinger.

Als die über Deutschland hereinbricht, ist Heidi gerade erwachsen geworden, macht eine Lehre und arbeitet dann bei einem Anwalt, Schwerpunkt Schifffahrtsrecht.

„Sie heiratete Alfred von Hacht, und dann kam der nächste Krieg", erzählt Wiebke Lorenz die Geschichte weiter, „Heidi wurde schwanger, bekam eine kleine Tochter." 1942 wiederfährt ihr das gleiche Schicksal wie dereinst ihrer Mutter: Ihr Mann fällt an der Front, Heidi bleibt mit ihrer Tochter als Kriegerwitwe zurück. Drei Jahre ist der Krieg vorbei, da nimmt sie ihre Tätigkeit als Sekretärin im Verlag Friedrich Oetinger (1907-1986) auf – und Sekretärin wird sie nicht lange bleiben. „Sie verliebte sich in ihren Chef, der bis vor kurzem noch Buchhändler und Antiquar gewesen war, und Friedrich Oetinger erwiderte ihre Gefühle, Heidi wechselte die Etage, 1952 läuteten in dem noch jungen Verlag die Hochzeitsglocken", erzählt Wiebke Lorenz.

Der Nestor der Jugendbuchforschung, Prof. em. Klaus Doderer, bezeichnet den Verlag in seinem Nachruf auf Heidi Oetinger im *Börsenblatt des Deutschen Buchhandels* als bis dahin „ohne klares Profil […]. Der Verleger hatte sich noch nicht so recht entschieden, ob er wirtschaftspolitische Fach-, sozialpolitische Sach- oder gar

Kinderliteratur unter seine Fittiche nehmen sollte." Über die Verbindung zwischen Astrid Lindgren und dem Verlag schreibt er: „Friedrich Oetinger war es zwar, der 1949 auf einer Schwedenreise die damalige Stockholmer Verlagsangestellte Astrid Lindgren fragte, ob er ihr Kinderbuch *Pippi Langstrumpf* in Deutschland in seinem jungen Verlag veröffentlichen dürfe. Da hatten sich offensichtlich zwei Anfänger getroffen und sich als Autorin und Verleger glücklicherweise vertraut, denn Astrid Lindgren sagte zu. Aber in Hamburg war es dann schon Heidi, die mit Umsicht und Zähigkeit für die nötige Verbreitung und Werbung sorgte und sich bemühte, andere Autorinnen und Autoren mit ähnlicher frischer Stimme zu gewinnen."

Der Bereich der Kinderbücher spielt schon schnell eine große Rolle im Verlag – und in Heidi Oetingers Leben. 1960 formuliert sie ihren Anspruch folgendermaßen: „Die Bücher, die junge Menschen in die Hand bekommen, sollen ihnen zeigen, wie schön die Welt sein kann. Sie dürfen jedoch nicht vertuschen, dass es Schwierigkeiten, Gefahren, Enttäuschungen, Angst, Verlust, Trauer gibt. Aber die Kinder sollen mit solchen Problemen nicht allein gelassen werden. Sie sollen lernen, dass man damit leben muss und wie man damit fertig werden kann."

Heidi Oetingers Tochter Silke Weitendorf, die den Verlag später übernimmt, spielt dabei schon früh eine wichtige Rolle: „Mein sehr familiär eingestellter Stiefvater ließ mich immer wieder auch die Kinderbuchmanuskripte lesen und interessierte sich dafür, was ich dazu dachte", sagt sie. Er sei der Art Director gewesen, die Mutter hingegen das Organisationstalent, das für die wirtschaftliche Seite zuständig ist.

Bis Mitte der 1980er-Jahre ist Heidi Oetinger in der Geschäftsleitung tätig, anschließend denkt sie keineswegs daran, die Arbeit sein zu lassen. Was wäre Heidi Oetinger ohne ihre Bücher, ohne ihren Verlag, ohne den Geruch von Druckerschwärze und Papier!

Vielleicht sind es die Jugendbücher, die das Gesetz des Alterns bei Heidi Oetinger aushebeln. Müdigkeit scheint sie nicht zu kennen, wenn sie noch mit 90 Jahren an den dienstäglichen Lektorats- und Geschäftsbesprechungen in Hamburg-Duvenstedt teilnimmt. Die Grande Dame der Jugendliteratur ist immer auf dem Laufenden. Über die Buchbranche, über das Weltgeschehen, über ihre Freunde, über die Freuden, Sorgen und Nöte ihrer Enkel und Urenkel, die teilweise längst schon in der Unternehmensführung mitarbeiten. Und Heidi Oetinger ist stolz auf das Imperium, das sie geschaffen hat.

Dass der schwedische König Carl XVI. Gustav sie zum „Ritter Erster Klasse des Königlichen Schwedischen Nordsternordens" erhebt, gefällt ihr durchaus, auch die Hamburger „Biermann-Rathjen-Medaille" trägt sie mit großem Stolz. Und das Bundesverdienstkreuz Erster Klasse, das sie kurz vor ihrem Tod erhält, erst recht. Ja, sie lässt sich gern feiern. Bei ihren Geburtstagen, vor allem den runden, sind immer viele Menschen zugegen: Familie – und Freude, denen sie, wie Klaus Doderer in seinem Nachruf schreibt, bis über den Tod hinaus treu ist.

„Wenn sie nach München kam, versäumte sie nicht, Erich Kästners und Luiselotte Enderles Grab zu besuchen und ein paar Blumen dort zu lassen."

„Eines meiner Lieblingszitate stammt von Heidi Oetinger: ‚Wer liest, der hat immer mehrere Leben, nämlich in Büchern' Und sie hat ja auch bewiesen, dass es stimmt."

Wiebke Lorenz ergänzt: „Eines meiner Lieblingszitate stammt von Heidi Oetinger: ‚Wer liest, der hat immer mehrere Leben, nämlich in Büchern.' Und sie hat ja auch bewiesen, dass es stimmt, denn immerhin wurde sie hundert Jahre alt. Was für ein Leben! Sie erlebte den Ersten und Zweiten Weltkrieg, die Weimarer Republik, die Nazi-Zeit, die Gründung der Bundesrepublik, wurde Witwe und hat dann auch noch in der Zeit der Bundesrepublik eine beispiellose Karriere hingelegt – mehr Powerfrau ist kaum vorstellbar."

....

Erinnerungsorte:

Heidi Oetingers Grab befindet sich auf dem Waldfriedhof Wohldorf in Hamburg Wohldorf-Ohlstedt. An der Rehmkoppel 5 befanden sich ab 1952 in der Wohnung von Heidi Oetinger auch die Verlagsräumlichkeiten, in den Jahren 1954/55 zogen dann sowohl Verlag als auch Familie Oetinger in eine in eine größere Wohnung in der selben Straße um. Im Anschluss erfolgte der letzte Standortwechsel für den Verlag an die Poppenbütteler Chaussee 53.

Die Malerin Ebba Tesdorpf schuf mit ihren Werken eine Dokumentation Alt-Hamburgs.

ALT-HAMBURG IM BLICK...

... mit dem Stift in der Hand

Den ganz großen Durchbruch hat sie nie geschafft. Aber anhand ihrer Zeichnungen hätte man Alt-Hamburg wiederaufbauen können. Und das ist es, was Karla Fischer, 2. Vorsitzende der Geschichtswerkstatt St. Pauli Hamburg, so an der Malerin Ebba Tesdorpf fasziniert. „Sie hat ungemein detailgetreu gearbeitet und mit ihren Hamburgensien ein ganz wichtiges Stück Stadtgeschichte dokumentiert."

Karla Fischer vor dem Haus, in dem Ebba Tesdorpf den größten Teil ihres Lebens verbrachte.

Ebba wird schon früh in ihrer künstlerischen Begabung gefördert. Sie wächst in den großbürgerlichen Verhältnissen einer bekannten Hamburger Familie auf, der Vater ist Kaufmann und Senator. Das Mädchen erhält Tanz-, Musik- und Zeichenunterricht. Als sie ihren Schulabschluss in der Tasche hat, widmet sie sich dem Kunststudium in Hamburg bei Bernhard Mohrhagen (1814-1877) und Johann Theobald Riefesell (1836-1895), Letzterer ist dafür bekannt, dass er vor allem Damen der Hamburger Gesellschaft im Zeichnen unterrichtet. 1898 studiert sie auch für kurze Zeit in Düsseldorf, dann kehrt sie zurück in ihre Heimat.

„Man sagte ihr, sie gehöre nicht zu den ganz großen Künstlern", erzählt Karla Fischer. Aber Ebba muss mit dem Malen auch nicht ihren Lebensunterhalt verdienen. Als ihre Eltern noch leben, sorgen sie für ihre Tochter – und mit deren Tod erhält Ebba ein großes Erbe.

Und dann bekommt sie doch noch einen ausgesprochen bedeutenden Auftrag: Auf Vorschlag von Justus Brinckmann (1843-1915), Spiritus Rector des Museums für Kunst und Gewerbe Hamburg, und Kunsthistoriker Alfred Lichtwark (1852-1914), wird sie gebeten, Hamburg in den 1880er- und 1890er-Jahren zeichnerisch zu dokumentieren. Denn in dieser Phase der Gründerzeit werden in Hamburg, auch vor dem Hintergrund der fortschreitenden Industrialisierung, zahlreiche alte Gebäude abgerissen und neue gebaut. Ebba Tesdorpf soll das Alte Hamburg zeichnerisch festhalten. „Ihre detailgenauen rund 600 Zeich-

„Sie hat nur das Schöne gesehen und festgehalten. Aber sie hat mit dem Malen eine Welt geschaffen."

nungen sind sehr bedeutsam, weil sie zeigen, wie es vor dem Abriss von Alt-Hamburg hier aussah", erklärt Karla Fischer den Stellenwert von Ebba Tesdorpfs Hamburgensien. Einen Blick für das arme Hamburg hatte die Tochter aus gutem Hause dabei aber nicht: „Sie hat nur das Schöne gesehen und festgehalten. Aber sie hat mit dem Malen eine Welt geschaffen." Die schöne Welt ihrer Heimatstadt, in der sie immerhin 40 Jahre ihres Lebens verbrachte.

....

Erinnerungsorte:

Ebba Tesdorpf lebte am Holzdamm 24. Ihr Grab befindet sich auf dem Althamburgischen Gedächtnisfriedhof des Ohlsdorfer Friedhofs als Doppel-Sammelgrabmal für Graphiker und Maler.

Bajohr, Frank: Arisierung in Hamburg. Die Verdrängung der jüdischen Unternehmer 1933-1945. Hamburg 1997, S. 271 f., 293 f.

Bake, Rita: „Alice Wosikowski". In: Hamburg.de: Frauenbiografien. URL: https://www.hamburg.de/clp/frauenbiografien-namensregister/clp1/hamburgde/onepage.php?BIOID=3105&strasse=6497&qR=W. Abgerufen am 02.05.2019.

Bake, Rita: „Emilie Wüstenfeld". In: Hamburg.de. URL: https://www.hamburg.de/clp/frauenbiografien-namensregister/clp1/hamburgde/onepage.php?BIOID=3097&strasse=3783. Abgerufen am 10.05.2019.

Bake, Rita: „Margaretha Elebeke". In: Hamburg.de: Frauenbiografien. URL: https://www.hamburg.de/clp/frauenbiografien-namensregister/clp1/hamburgde/onepage.php?BIOID=3038&dC=1700. Abgerufen am 23.05.2019.

Bake, Rita: „Margarethe E. Hudtwalcker". In: Hamburg.de. URL: https://www.hamburg.de/clp/frauenbiografien-namensregister/clp1/hamburgde/onepage.php?BIOID=3040&ortsteil=31. Abgerufen am 03.05.2019.

Bake, Rita: Wer steckt dahinter? Nach Frauen benannte Straßen, Plätze und Brücken in Hamburg. Landeszentrale für politische Bildung. Hamburg 2005, S. 20 f.

Bake, Rita; Kiupel, Birgit (Hrsg): Margarethe E. Milow. Ich will aber nicht murren. Hamburg 1987 u. 1993.

Carl Wolter GmbH: Stationen der Carl Wolter GmbH. URL: https://www.carl-wolter.de/historie/. Abgerufen am 25.05.2019.

Derouaux, Lando; Dimigen, E.; Landgrebe, F.; Schomberg, A: Die Gräfin am Blankeneser Pumpenkamp – Kontinuität und Diskontinuität im zweiten Leben Marion Dönhoffs. Geschichtswettbewerb des Bundespräsidenten 2018/2019.

Diedrich, Oliver: „Wie Domenica zur ‚Hure der Nation' wurde". In: NDR.de. URL: https://www.ndr.de/kultur/geschichte/koepfe/Domenica-Niehoff-Von-der-Sexarbeiterin-zur-Streetworkerin,domenica142.html. Abgerufen am 19.05.2019.

Diesterweg, Friedrich A. W.: „Lehrerinnen und Gouvernanten". In: Sallwürk, C. von: Adolf Diesterweg. Darstellung seines Lebens und seiner Lehre und Auswahl aus seinen Schriften, Bd. 2, Langensalza 1899, S. 65-80.

Doderer, Klaus: „Nachruf auf Heidi Oetinger". In: Börsenblatt vom 6.10.2009. URL: https://www.boersenblatt.net/2009-10-06-artikel-nachruf_auf_heidi_oetinger.341534.html. Abgerufen am 23.05.2019.

Fischer-Radizi, Doris: Vertrieben aus Hamburg. Die Ärztin Rahel Liebeschütz-Plaut. (Wissenschaftler in

Hamburg, 2). Göttingen 2019.

Frauenverein zur Unterstützung deutsch-katholischer Gemeinden und zur Förderung humaner Zwecke: Bericht des Vorstandes, 1847, S. 1. Zit. nach Mayer, La formation des institutrices à Hambourg 2003, S. 76.

Frenz, Lothar: Ein Jahr mit Loki. Berlin 2019.

Göksu, Cornelia: „Friederike Klünder". In: Hamburg.de. URL: https://www. hamburg.de/clp/frauenbiografien-suche/clp1/hamburgde/onepage. php?BIOID=4458&qN=Lotte. Abgerufen am 10.05.2019.

Göksu, Cornelia; Bake, Rita: „Heidi Kabel". In: Hamburg, Frauenbiografien. URL: https://www.hamburg.de/clp/ frauenbiografien-suche/clp1/ hamburgde/onepage.php?BIOID=3494. Abgerufen am 19.05.2019.

Göttert, Margit: Macht und Eros. Frauenbeziehungen und weibliche Kultur um 1900 - eine neue Perspektive auf Helene Lange und Gertrud Bäumer. Königstein i.Ts. 2000, S.

Gretzschel, Matthias: „Budge-Palais. Streit um historisches Gebäude geht weiter". In: Hamburger Abendblatt vom 21.01.2011. URL: https://www. abendblatt.de/kultur-live/ article107936577/Streit-um-historisches-Gebaeude-geht-weiter. html. Abgerufen am 05.04.2019.

Grobecker, Kurt: Alstergeschichten. Kleine Laudatio auf Hamburgs große Liebe. Hamburg 2011.

Grobecker, Kurt; Stürmer, Kerstin von: Hamburg skandalös. Hamburg 2005.

Grolle, Inge: „Demokratie ohne Frauen? Fraueninitiativen in Hamburg um 1848". In: Stephan, Inge; Winter, Hans-Gerd (Hrsg.): Heil über Dir, Hammonia. Hamburg 1992, S. 319-344.

Grolle, Inge: Die freisinnigen Frauen. Charlotte Paulssen, Johanna Goldschmidt, Emilie Wüstenfeld. Hamburgische Lebensbilder, hrsg, vom Verein für Hamburgische Geschichte, Band 16, Hamburg 2000, S. 91-140.

Grolle, Inge: Die jüdische Kauffrau Glikl (1646-1724). Hamburg 2011.

Grolle, Inge: Frauen nach dem Krieg 1945-1950. Geschichte – Schauplatz Hamburg. Hamburg 1994, S. 40-41.

Grothkopf, Bärbel; Siemers, I.: „Albertine Assor". In: „... von gar nicht abschätzbarer Bedeutung" Frauen schreiben Reformationsgeschichte. Hrsg. vom Frauenwerk der Nordkirche und der Schleswig-Holsteinischen Landesbibliothek. Kiel 2016, S. 86.

Grothkopf, Bärbel; Kriegsheim, Ina von; Strunk, Helma: „Bertha Keyser". In: ... von gar nicht abschätzbarer Bedeutung, ebd., S. 88, 89.

Hamburger Abendblatt: „Die Mutter der Polizistinnen wird 90". In: Hamburger Abendblatt. URL: https:// www.abendblatt.de/hamburg/ article106953321/Die-Mutter-der-

Polizistinnen-wird-90.html. Abgerufen am 21.05.2019.

Herzig, Arno (Hrsg.): Die Juden in Hamburg von 1590 bis 1990. Wissenschaftliche Beiträge der Universität Hamburg zur Ausstellung Vierhundert Jahre Juden in Hamburg. Hamburg 1991, S. 663 f., 666.

Heymann, Lida Gustava: Erlebtes – Erschautes: deutsche Frauen kämpfen für Freiheit, Recht und Frieden. Frankfurt 1992.

Hoffkamp, Sabine: „Heymann, Lida". In: Hamburgische Biografie, Band 5. Wallstein/ Göttingen 2010, S. 188-190.

Hofmann, Kurt: Sehnsucht habe ich immer nach Hamburg. Reinbek 2003, S. 21-30.

Holst, Maike und Ronald: Blankeneser Frauen. Neumünster/Hamburg 2013, S. 13 ff.

Jaacks, Gisela: Mit Ebba Tesdorpf durch Alt-Hamburg, Hamburg 1978.

Kabel, Heidi: Wo sind nur die Jahre geblieben? – Stationen meines Lebens. Hamburg 1991.

Kabel, Heidi: Das Leben macht mir Freude – Erinnerungen einer lebensklugen Frau. Hamburg 1994.

Kabel, Heidi: Manchmal war es nicht zum Lachen. Hamburg 1979, S. 119, 121, 145, 161, 174, 202 ff.

Kahn, Peter: „Das Budgehaus am

Harvestehuder Weg". In: Ueckert-Hilbert, Charlotte (Hrsg): Fremd in der eigenen Stadt: Erinnerungen jüdischer Emigranten aus Hamburg. Hamburg 1989.

Kaiser, Christine M.: Agathe Lasch. Jüdische Miniaturen. Potsdam 2007.

Kaiser, Silke: „Liebeschütz-Plaut, Rahel". In: Hamburgische Biografie. Band 1, Hamburg 2001, S. 185-186.

Kiebermanis, Tania: „Domenica Niehoff". In: Bake, Rita: Der Garten der Frauen. Ein Ort der Erinnerung mit historischen Grabsteinen von Gräbern bedeutender Frauen und eine letzte Ruhestätte für Frauen. Hamburg 2013, S. 297-300.

Koch, Gabriele: „Ida Ehre". In: Frauenbiographieforschung. URL: http://www.fembio.org/biographie.php/ frau/biographie/ida-ehre/. Abgerufen am 17.05.2019.

Könke, Günter: „Das Budge-Palais. Entziehung jüdischer Vermögen und Rückerstattung in Hamburg". In: Herzig, Arno (Hrsg.): Die Juden in Hamburg von 1590 bis 1990. Hamburg 1991, S. 658.

Kortmann, Marie: Aus den Anfängen sozialer Frauenarbeit. Hamburg 1920.

Kortmann, Marie: Emilie Wüstenfeld. Eine Hamburger Bürgerin. Hamburg 1927.

Lange, Wichard: Knospen, Blüthen und Früchte erziehlichen Strebens.

Pädagogische Anregungen. Hamburg 1860, S. 494.

Lehberger, Reiner: Die Schmidts. Ein Jahrhundertpaar. Hamburg 2018.

Lehberger, Reiner: Loki Schmidt. Die Biographie. Hamburg 2014.

Lehberger, Reiner: „Schmidt, Hannelore (»Loki«)". In: Hamburgische Biografie. Bd. 6, Göttingen 2012, S. 293-296.

Lemo Biografie: „Marion Gräfin Dönhoff". URL: https://www.hdg.de/lemo/biografie/marion-graefin-doenhoff.html. Abgerufen am 23.05.2019.

Lexicus: „Abelke Bleken (1583)". URL: http://www.lexikus.de/bibliothek/Hamburgische-Geschichten-und-Denkwuerdigkeiten/Hexen-Geschichten/Abelke-Bleken-(1583). Abgerufen am 18.04.2019.

Mayer, Christine: „La formation des institutrices à Hambourg: le projet de Doris Lütkens (1846)". In: Les enseignantes. Formations, identités, représentations XIXe-XXe siècles, éd. par Mineke van Essen et Rebecca Rogers, numéro spécial der Zeitschrift Histoire de l'éducation, no. 98, Mai 2003, S. 61-85.

Meyer-Odewald, Jens: Abendblatt-Serie über Heid Kabel, Teil 3: „Familienmensch in guten und schlechten Zeiten". Hamburger Abendblatt vom 19.06.2010.

Meyer-Odewald, Jens: „Ein Leben. Helmut und Hannelore Schmidt". Hamburger Abendblatt vom Hamburg 2011.

Pädagogische Mittheilungen: „Briefwechsel über Seminare für Lehrerinnen zwischen einem Pädagogen und der Herausgeberin". In: Pädagogische Mittheilungen 1846, S. 41-46, 57-62, 71-80, 88-95.

Patriotische Gesellschaft Hamburg: Beatles, Hagenbeck & Schopenhauer - Menschen und Ereignisse in Hamburg. Hamburg 2001.

Randt, Ursula: Die Erinnerungen der Emma Isler. o.O. 1986.

Reimers, Brita: „Dorothea (Doris) Elisabeth Lütkens". In: Hamburg, Frauenbiografien. URL: https://www.hamburg.de/clp/frauenbiografien-schlagwortregister/clp1/hamburgde/onepage.php?BIOID=3212&cM=9&qR=L. Abgerufen am 25.05.2019.

Reiners, Gisela: „Eine Quartiersfrau nimmt Abschied". In: Welt.de. https://www.welt.de/print-welt/article595109/Eine-Quartiersfrau-nimmt-Abschied.html. Abgerufen am 22.05.2019.

Rogge, Roswitha: „Bleken, Abelke". In: Hamburgische Biografie. Band 1, Christians, Hamburg 2001, S. 48.

Rogge, Roswitha: „Abelke Bleken". In: Geschichtsbuch Hamburg. URL: https://geschichtsbuch.hamburg.de/wp-content/uploads/sites/255/2016/07/AB-Sek-I-Hexenverfolgung-Abelke-

Bleken.pdf. Abgerufen am 22.06.2019.

Schaser, Angelika: Helene Lange und Gertrud Bäumer. Eine politische Lebensgemeinschaft. Köln 2000.

Schmidt, Hannelore: „Gezwungen, früh erwachsen zu sein". In: Helmut Schmidt, Kindheit und Jugend unter Hitler. Berlin 1992, S. 19-68.

Schümann, Bodo: „Wartenberg, Wilhelmine Catharina Alma". In: Kopitzsch, Franklin; Brietzke, Dirk: Hamburgische Biografie. Personen-Lexikon. Göttingen 2012, S. 359-361.

Schwarz, Petra; Lieberei, Reinhard: Loki Schmidt – Forscherin und Botschafterin für die Natur. Studien der Helmut und Loki Schmidt-Stiftung. Bremen 2009.

Stadtteilarchiv Ottensen: Die Biografie von Alma Wartenberg 1871-1928. URL: https://stadtteilarchiv-ottensen.de/ schwerpunktthemen/frauengeschichte/. Abgerufen am 14.05.2019.

Stolten, Inge: Nicht aus gutem Hause. Hamburg 1981, S. 62, 64, 72, 81.

Stolten, Inge: Das alltägliche Exil. Hamburg 1982, S. 8, 52, 82, 167.

Stolten, Inge: Das Tagebuch der Jutta S. Hamburg 1970, S. 30, 89.

Thiele, Antonia: „Hamburgs erste Polizistin kommt ins Museum". In: Hamburger Abendblatt. URL: https:// www.abendblatt.de/hamburg/ article206804645/Hamburgs-erste-Polizistin-kommt-ins-Museum.html.

Abgerufen am 15.05.2019.

Urbanski , Silke: Geseke Cletzen, eine Biografie. Hamburg 2003.

Urbanski , Silke: „Cletzen, Geseke". In: Hamburgische Biografie,. Band 2. Hamburg 2003, S. 90-91.

Vogel, Carolin: Das Dehmelhaus in Blankenese. Künstlerhaus zwischen Erinnern und Vergessen. Hamburg 2019. URL: https://blogs.sub.uni-hamburg.de/hup/. Abgerufen am 19.04.2019.

Vogel, Carolin (Text) und Fischer, Angelika (Fotos): Richard Dehmel in Blankenese. Berlin 2017.

Weber, Marianne: Die Frauen und die Liebe, Königstein/Leipzig 1935.

Wehnelt, Joachim: „Die Geschichtenerzählerin". In: Hinz&Kunzt. URL: https://www. hinzundkunzt.de/die-geschichtenerzahlerin/. Abgerufen am 17.05.2019.

Weimar, Friederike: Die Hamburgische Sezession, 1919-1933. Geschichte und Künstlerlexikon. Fischerhude 2019 (2. Aufl.), S. 122-123.

Welt.de: „Für Helmut Schmidt verließ die Geliebte ihren Mann". URL: https:// www.welt.de/vermischtes/ article138427214/Fuer-Helmut-Schmidt-verliess-die-Geliebte-ihren-Mann.html. Abgerufen am 20.05.2019.

Wolff, Kerstin: Unsere Stimme zählt.

Überlingen 2018, S. 55-69.

Wrage, Elke; Kluck, Karin: „Ada Ehmler". In: „… von gar nicht abschätzbarer Bedeutung" Frauen schreiben Reformationsgeschichte. Hrsg. vom Frauenwerk der Nordkirche und der Schleswig-Holsteinischen Landesbibliothek. Kiel, 2016, S. 195 ff.

Zeit Online: „Die Brüderliche". URL: https://www.zeit.de/2009/49/Doenhoff-Freunde/seite-2. Abgerufen am 14.05.2019.

Bildnachweis

Dorothea Maetzel-Johannsen
S. 110 Familienarchiv

Emilie Wüstenfeld
S. 116 Gemeinfrei

Geseke Cletzen
S. 119 Gemeinfrei

Domenica Anita Niehoff
S. 124 ullstein bild - Raudies

Erna Sander
S. 129 ullstein bild - VIRGINIA

Abelke Bleken
S. 133 Gemeinfrei

Erna Mohr
S. 136 Gemeinfrei

Ada Ehmler
S. 140 Elke Wrage

Ida Ehre
S. 145 ullstein bild - Ingrid von Kruse

Margarethe E. Hudtwalker
S. 149 Staatsarchiv Hamburg

Albertine Assor
S. 154 Immanuel Albertinen Diakonie

Emma Budge
S. 159 MeiBo CC BY-SA 3.0

Agathe Lasch
S. 164 Gemeinfrei

Alice Wosikowski
S. 170 Staatsarchiv Hamburg

Heidi Oetinger
S. 174 Familienarchiv

Ebba Tesdorpf
S. 179 SHMH

Haftungsausschluss

Sollte trotz aufwendiger Recherche eine Bildquelle nicht korrekt oder unvollständig angegeben sein oder ein Rechteinhaber übersehen worden sein, bitten wir die betroffene Institution sich mit dem Verlag in Verbindung zu setzen.

Trotz intensiven Austauschs mit unseren Gesprächspartnern, gewissenhafter Literaturrecherche und aufmerksamem Korrekturlesen erheben wir weder einen Anspruch auf Vollständigkeit noch auf Fehlerlosigkeit. Wir haben streng darauf geachtet, keine Urheberrechte zu verletzen, unsere Recherchen sind nach bestem Wissen und Gewissen erfolgt. Dennoch übernehmen wir keinerlei Gewähr für die Aktualität, Korrektheit oder Vollständigkeit der bereitgestellten Informationen. Haftungsansprüche gegen uns schließen wir grundsätzlich aus.

Weitere
Historische Lebensbilder gibt es auch über...

WEITERE

Geheimnisse der Heimat

aus der Umgebung:

DIE

Geheimnisse der Heimat

GIBT ES JETZT NEU IN ...

Darmstadt	Dresden
Eisenach	Erlangen
Düsseldorf	St. Gallen (Schweiz)
Segeberg	Villingen-Schwennigen

Seit 2011 haben wir knapp 70 „Geheimnisse"-Titel produziert.
Alle Städte finden Sie unter www.bast-medien.de

FRANK KNITTERMEIER

Segeberger
Geheimnisse

SPANNENDES AUS NORDERSTEDT UND DER REGION
MIT KENNERN DER HEIMATGESCHICHTE

Hamburger Abendblatt

PREIS-
GEKRÖNTE
BUCHREIHE